数字经济视域下江苏省跨境电商发展的研究

阮晓文 著

东南大学出版社
SOUTHEAST UNIVERSITY PRESS
·南京·

图书在版编目(CIP)数据

数字经济视域下江苏省跨境电商发展的研究 / 阮晓文著. 一南京：东南大学出版社，2025.2. — ISBN 978-7-5766-1839-6

Ⅰ.F724.6

中国国家版本馆 CIP 数据核字第 2024UU4767 号

责任编辑:戴坚敏　责任校对:张万莹　封面设计:顾晓阳　责任印制:周荣虎

数字经济视域下江苏省跨境电商发展的研究
Shuzi Jingji Shiyu Xia Jiangsu Sheng Kuajing Dianshang Fazhan De Yanjiu

著　　者	阮晓文
出版发行	东南大学出版社
出 版 人	白云飞
社　　址	南京市四牌楼 2 号(邮编:210096)
网　　址	http://www.seupress.com
电子邮箱	press@seupress.com
经　　销	全国各地新华书店
印　　刷	广东虎彩云印刷有限公司
开　　本	700mm×1000mm　1/16
印　　张	11.25
字　　数	249 千字
版　　次	2025 年 2 月第 1 版
印　　次	2025 年 2 月第 1 次印刷
书　　号	ISBN 978-7-5766-1839-6
定　　价	68.00 元

本社图书若有印装质量问题，请直接与营销部联系，电话:025-83791830。

前　言

在数字经济快速发展的背景下，跨境电商作为国际贸易的新兴模式，正逐步成为推动全球经济一体化的重要力量。江苏省，作为中国的经济大省和开放型经济前沿阵地，其跨境电商的发展不仅关系到地区经济的繁荣，更对全国乃至全球的跨境电商格局产生深远影响。

本书首先进行了文献梳理，然后系统分析了江苏省跨境电商的发展现状、主要模式及存在问题。研究发现，江苏省跨境电商行业增长迅猛，正在重塑江苏外贸的比较优势，但也存在产业规划与布局错位、经营主体活跃度不高、龙头企业较少、产业生态功能不完善、数字科技赋能能力不足、人才供给不足和品牌建设不到位等方面的问题。

通过研究，本书得出以下主要结论：一是江苏省跨境电商发展势头强劲，成为外贸增长的新引擎；二是跨境电商对于促进江苏产业结构升级、加快经济发展内源性转变具有积极作用；三是江苏省跨境电商在发展中还存在一些亟待解决的问题。本书针对性地提出了相关对策：一是做好顶层设计，持续推进，谋划高精度，形成江苏省"两极""四带""一廊""多组团"跨境产业格局；二是以跨境电商综合试验区建设为抓手，形成数字生态圈，以后发优势实现突破，大力培育运营主体，赋能头部企业，带动中小外贸企业数字化转型；三是强化科技引领，促进跨境电商产业数字化发展，加强产业聚集，打造跨境电商交易中心；四是完善数字化营销体系，加强海外仓建设，实施品牌出海战略；五是构建高端智库平台、联动协同政府、社会、学校、企业资源；六是大力发展"跨境电商＋产业带"模式等。

未来，随着数字经济的深入发展和全球贸易格局的深刻变化，跨境电商将迎来更加广阔的发展空间和机遇。

作者
2025 年 1 月

目 录

第一章 数字贸易产业与跨境电商产业 ……………………… 001
    一、我国数字贸易产业发展概况 ……………………… 002
    二、我国跨境电商产业发展概况 ……………………… 003

第二章 有关跨境电商的理论研究 ……………………… 011
    一、有关跨境电商对促进贸易发展的研究 ……………………… 012
    二、跨境电商对促进经济增长的研究 ……………………… 013
    三、有关跨境电商政策的研究 ……………………… 013
    四、关于跨境电商综试区的研究 ……………………… 014

第三章 数字经济概述 ……………………… 015
    一、数字经济的概念与内涵 ……………………… 016
    二、数字经济与跨境电商的关系 ……………………… 017

第四章 数字经济与国际贸易的关系 ……………………… 021
    一、国际贸易的相关理论 ……………………… 022
    二、数字经济与国际贸易的关系 ……………………… 023
    三、数字经济与跨境电商的关系 ……………………… 025

第五章 主流跨境电商平台简介 ……………………… 027
    一、中国主流跨境电商平台 ……………………… 028
    二、国外主流跨境电商平台 ……………………… 030

第六章 全球主要国家跨境电商产业发展现状 ……………………… 035
    一、美国跨境电商产业发展状况 ……………………… 036
    二、欧洲跨境电商产业发展概况 ……………………… 038

三、中东跨境电商市场发展概况 ·· 041
　　四、非洲跨境电商发展概况 ·· 042
　　五、东盟跨境电商产业发展概况 ·· 045
　　六、南美跨境电商发展概况 ·· 048
　　七、韩国跨境电商发展概况 ·· 054
　　八、日本跨境电商发展概况 ·· 056
　　九、澳大利亚跨境电商发展概况 ·· 058
　　十、新西兰跨境电商发展概况 ·· 059
　　十一、俄罗斯跨境电商发展概况 ·· 060
　　十二、中亚跨境电商发展概况 ·· 063
　　十三、加拿大跨境电商发展概况 ·· 065
　　十四、以色列跨境电商发展概况 ·· 065
　　十五、印度跨境电商发展概况 ·· 066
　　十六、巴基斯坦跨境电商发展概况 ······································ 069

第七章　江苏省跨境电商的相关研究 ·· 071

第八章　江苏省跨境电商产业发展的现状及问题 ······························ 075
　　一、江苏省跨境电商产业发展总体概况 ·································· 076
　　二、江苏省跨境电商产业发展概况的实证调研 ···························· 102
　　三、江苏省跨境电商产业发展的主要问题 ································ 107

第九章　跨境电商产业先进省市地区的发展经验 ······························ 111
　　一、广东省跨境电商发展经验 ·· 112
　　二、浙江省跨境电商发展经验 ·· 118
　　三、河南省跨境电商发展经验 ·· 124

第十章　数字经济视域下江苏省跨境电商产业发展路径 ························ 127
　　一、做好顶层设计，持续推进，谋划高精度 ······························ 128
　　二、形成江苏省"两极""四带""一廊""多组团"跨境产业格局
　　　 ·· 130

三、以跨境电商综合试验区建设为抓手，形成数字生态圈 ……… 132
四、以后发优势实现突破，大力培植运营主体 ……………… 132
五、赋能头部企业，带动中小外贸企业数字化转型 ………… 133
六、强化科技引领，促进跨境电商产业数字化发展 ………… 134
七、加强产业聚集，打造跨境电商交易中心 ………………… 135
八、完善数字化营销体系，加强海外仓建设，实施品牌出海战略
　　…………………………………………………………… 136
九、构建高端智库平台，联动协同政、会、校、企资源 …… 138
十、大力发展"跨境电商＋产业带"模式 …………………… 139

结　语 …………………………………………………………… 141

附　录 …………………………………………………………… 147
一、全国部分地区"跨境电商＋产业带"发展案例 ………… 148
二、全国部分产业带 …………………………………………… 153

参考文献 ………………………………………………………… 163

第一章

数字贸易产业与跨境电商产业

一、我国数字贸易产业发展概况

近年来，我国在数字贸易领域取得了显著进展，特别是在贸易大数据营销、贸易单据数字化、港航服务数字化及支付结算数字化等方面，其发展速度显著加快。这一领域的发展不仅提升了我国外贸企业的数字化水平，降低了贸易成本，提高了贸易效率，还为我国货物贸易的竞争注入了新的活力。从数字服务贸易来看，2023 年，其规模已达到 27 193.7 亿元，同比增长 8.5%，显示出强劲的增长势头。尤其在我国关键核心技术创新能力大幅提升的背景下，人工智能、云计算、大数据、区块链等新质生产力工具的应用，为高技术数字服务贸易的发展提供了广阔的空间。数字贸易的迅猛发展不仅优化了全球价值链的组织和协调，还推动了贸易流程的创新，助力我国产品向全球价值链中高端迈进。同时，数字贸易的发展也促进了全球资金、技术、人才、知识、数据、服务等要素的顺畅流动，拓宽了服务可贸易的边界，扩大了规模经济和范围经济效应，为全球贸易的发展注入了新的动力。为了稳定外贸发展态势，加快建设贸易强国，我国必须加大力度发展数字贸易。为此，政府应提高数字贸易发展的战略定位，完善数字基础设施建设，并充分利用跨境电商、贸易数字化等手段，帮助企业拓展市场、降低交易成本、提升贸易附加值。值得一提的是，2022 年我国数字经济规模已达 50.2 万亿元，总量稳居世界第二，占国内生产总值（GDP）比重提升至 41.5%。在这一背景下，跨境电商出口等新业态蓬勃发展，我国已成为全球最大的 B2C 跨境电商交易市场。同时，数字平台企业的综合实力不断增强，支持数字贸易发展的产业链优势日益明显，技术创新能力持续提高，数字技术人才不断涌现，应用场景等资源要素也较为丰富。一方面，物联网、人工智能、第五代移动通信技术（5G）等技术的广泛应用为产业和贸易发展开辟了新领域。直播电商、移动支付、远程制造、智能机器人、大数据营销等新模式新业态不断涌现，为数字贸易的发展奠定了坚实的产业基础。另一方面，我国依托自由贸易试验区、服务贸易创新发展试点等开放平台，持续推进数字贸易领域的改革创新，并积极参与国际经贸规则的制定和修订，致力于提升我国在全球数字贸易领域的竞争力和影响力[1]。

二、我国跨境电商产业发展概况

跨境电商是指分属不同关境的交易主体,通过电子商务平台达成交易、进行支付结算,并通过跨境物流送达商品、完成交易的一种国际商业活动。跨境电商在经济全球化和数字化贸易的背景下,是一种新型贸易方式,是传统贸易的有益补充,对传统贸易转型升级具有重要的作用,其具有全球性、无形性、匿名性、即时性、无纸化等新型特征。按照不同划分标准,跨境电商可以进行以下分类:首先,根据货物物流方向分类,跨境电商可分为对外出口型和进口型。其次,根据交易主体属性,跨境电商可以分为企业对企业(Business to Business,B2B)、企业对消费者(Business to Customer,B2C)和个人对个人(Customer to Customer,C2C)3类。目前跨境电商市场以B2B和B2C为主要模式。最后,根据运营模式,跨境电商可分为第三方平台和独立站。其中,独立站是指品牌自己搭建网站用以展示或销售自身产品的平台,近年来发展势头强劲。另外,面向市场营销的电子商务企业(Business to Marketing,B2M)作为一种新型的跨境电商模式也正在兴起中。

中国跨境电商产业发展历程经历了4个阶段。第一是萌芽期(2004年以前),当时环球资源网、中国制造网、阿里巴巴国际站等B2B跨境电商平台开始出现,这些平台通过线上提供商品相关信息展示,交易仍以线下为主。第二个时期为成长期(2004—2012年),在此阶段,能够提供在线交易的B2B跨境电商平台敦煌网成立。此后,我国跨境电商不断强化在线交易功能,逐步实现支付、物流等环节电子化,代表平台包括兰亭集势、全球速卖通、洋码头等。第三个时期为扩张期(2013—2017年),在此阶段,我国密集出台了一系列电商扶持政策,我国跨境电商行业进入高速扩张期。2013—2017年,我国跨境电商行业交易规模年均复合增长率(Gross Annuel Growth Rate,GAGR)高达26.1%。此阶段,天猫国际、考拉海购等大型平台不断涌现,整合营销、交易、支付、结算、物流、金融等诸多功能,实现链路在线化。最后一个阶段为成熟期(2018年至今),在此阶段,我国跨境电商监管政策不断完善,跨境电商综合试验区加速扩容，推动行业规范健康发展；同时，受全球经济与贸易变化、亚马逊对我国部分店铺"封号"等影响，跨境电商从业者开始加速进行品牌创建、优化供应链和渠道、加强海外营销与推广，以获得市场竞争的优势，从而规避市场风险，获得发展。与此同时，同步带动了跨境电商供应链 SaaS、物流仓储、跨境支付等跨境电商服务生态持续完善。

从产业规模来看，我国的跨境电商产业发展异常迅猛，2010 年，我国的进出口交易额为 20.17 万亿元，跨境电商仅有 1.10 万亿元，行业渗透率为 5.45%。2019 年底，我国跨境电商交易 10.50 万亿元，行业渗透率升至 33.29%，与 2010 年相比增长了 510%。从跨境电商进出口额来看，据海关统计，2020 年我国跨境电商进出口总额再创新高，达到 1.69 万亿元，比 2019 年增长了 31.1%，占当年 GDP 的比重达到 1.6%。我国跨境电商以出口为主，海外市场因受新型冠状病毒肺炎疫情影响，大量防疫物资、居家办公用品、宠物用品等需求激增，进一步刺激了跨境电商的出口，2021 年我国跨境电商进出口规模近 2 万亿元，比 2020 年增长 15%。2022 年我国跨境电商进出口额为 2.11 万亿元，增长了 9.8%。2023 年我国跨境电商进出口额为 2.38 万亿元，增长 15.6%，其中跨境电商出口 1.83 万亿元，增长 19.6%，增速远远超出电商行业的整体增速。

从行业规模来看，2017—2021 年之间，中国跨境出口电商行业规模持续保持着高于 20% 的同比增速，叠加疫情对世界各国消费端线上化的加速效应，2021 年跨境出口电商行业规模已突破 6 万亿元。2022 年受到局部封控导致的供应链压力和国际形势变化等因素的综合影响，跨境出口电商行业边际增速受挫，但全年依旧实现了 9.4% 的同比正向增长，规模也达到了 6.6 万亿元。从整体上来看，2022 年中国跨境出口电商自营型平台规模占总规模的比例为 13.3%，2025 年有可能增加至 16.7%，自营型平台占比呈现上涨趋势。从 B2B 的角度看，2022 年 B2B 自营型平台规模占比为 8%，2025 年 B2B 自营型平台规模占比预计达 10%；从 B2C 的角度看，2022 年 B2C 自营型平台规模占比为 24.5%，2025 年 B2C 自营型平台规模占比预计将达到 30%。在品牌建设方面，1992—2003 年，品牌商基于中国制造业红利，以工贸一体化形式出海；2004—2012 年，随着中国卖家入驻 EBAY 与亚马逊等电商平台，B2C 品牌商大量涌现，多以代销模式销售高性价比产品；2013—2018 年，品牌商开始关注产品研发，其中 2017 年亚马逊开启品牌备案计划加速了中国卖家自有品牌建设进程；2021年，由于亚马逊关店潮，中国跨境电商迈向品牌深耕期。从交易的品类来看，2022年跨境出口B2C品类TOP3分别为服饰鞋履、3C电子和家居，总占比超过60%。跨境出口B2B方面，工具设备、轻工纺织和家居产品是出口的主力，同时，新能源汽车及零配件与户外储能产品也是B2B出口电商新的潜力品类，在非洲、拉美等能源欠发达地区拥有较大的市场。

从跨境电商出口的地域来看，中国跨境电商产业集群主要分布在产业带及外贸产业发达的地区，包括广东、江苏、浙江和福建等地。一方面，这些地区能够快速响应市场需求，实现"前店后厂"模式；另一方面，这些地区具有较为完备的产业链，能够满足跨境卖家"产研销一体化"的需求。从跨境电商生态体系建设来看，2022年底，全国共设立了165个跨境电商综合试验区，实现31个省市区全覆盖，这些地区，因为政策优势，产业带集中，物流体系发达，成为跨境电商发展的增长极。从跨境电商出口地区来看，美国仍为中国跨境出口电商第一大目的地，欧美市场仍为中国跨境卖家的首要目标。当然，东盟等新兴国家和经济体的增速也较快。新冠疫情后数字经济的发展，使东南亚重点国家网民数量增长了近1亿人，2022年东南亚重点国家电商GMV已达131亿美元，预测2025年将达到211亿美元。

从贯彻国家跨境电商发展战略来看，以杭州、上海、宁波、广州、深圳、北京等城市为代表的跨境电商综试区，通过构建"六体系两平台"（六体系包括建立了信息共享、金融服务、智能物流、电商诚信、统计监测和风险防控体系；两平台包括跨境电商线上综合服务平台和线下产业园区平台等），解决了跨境电商发展的体制难题，为跨境电商的高质量发展奠定了基础。

从发展成绩来看，2023年中国跨境电商进出口2.38万亿元，同比增长15.6%。目前全国有外贸进出口实绩的外贸主体达64.5万家，其中跨境电商主体超过10万家。目前，我国跨境电商销售网络覆盖全球220多个国家和地区，跨境电商独立站建设超过20万个，海外仓数量超过2 400个，面积超过2 500万平方米。截至2022年底，各综试区共建设跨境电商产业园超690个，入驻企业超10万家，引入孵化机构超600家，带动就业约300万人。我国的跨境电商贸易伙伴网络已经遍布全球220多个国家和地区，市场布局正逐步从传统的欧美日市场向东南亚、非洲、中东、拉美等新兴市场延伸。近年来，越来越多的国内企业选择跨境电商作为"买卖全球"的桥梁，国内跨境电商平台如 TIKTOK、TEMU、SHEIN、速卖通等在国际市场的地位日益稳固，品牌影响力持续增强。

特别值得一提的是，拼多多的 TEMU 在出海后短短一年内便在全球 47 个国家上线，并在 2023 年实现了高达 160 亿美元的销售额，这一成绩充分展示了我国跨境电商平台的强大竞争力和市场潜力。跨境电商的发展模式也在不断演进，从最初的依赖平台"信息＋价格"的粗放型发展，逐渐转变为注重"品牌＋服务"的精细化运营。这一转变不仅提升了跨境电商的整体质量，也为企业带来了更高的附加值。与此同时，国际物流、ERP、结算、法律、代运营等领域的跨境服务商也迅速崛起，为我国跨境电商企业提供了全方位的深度服务，涵盖了物流、信息流和资金流等多个方面，进一步推动了我国跨境电商的健康发展。[2]

近年来，国家支持跨境电商产业发展的政策一直在升级，国务院、商务部等国家部委先后围绕税收、综试区政策等出台了一系列的政策，总结归纳如表 1-1。

表 1-1　近年来我国支持跨境电商产业发展的政策

时间	部门	政策	重点内容
2013 年 8 月	国务院办公厅	《关于实施支持跨境电子商务零售出口有关政策的意见》（国办发〔2013〕89 号）	确定电子商务出口经营主体，实施适应电子商务出口的税收政策，建立适应电子商务出口的新型海关监管模式、检验监管模式、信用体系等
2015 年 3 月	国务院	《关于同意设立中国（杭州）跨境电子商务综合试验区的批复》（国函〔2015〕44 号）	设立全国首个跨境电子商务综合试验区
2018 年 9 月	财政部等四部门	《关于跨境电子商务综合试验区零售出口货物税收政策的通知》（财税〔2018〕103 号）	对符合一定条件的综试区电子商务零售出口企业出口未取得有效进货凭证的货物，试行增值税、消费税免税政策等

续表

时间	部门	政策	重点内容
2020年1月	商务部等六部门	《关于扩大跨境电商零售进口试点的通知》	将进一步扩大跨境电商零售进口试点范围，范围将从37个城市扩大至海南全岛和其他86个城市（地区），覆盖31个省、自治区、直辖市
2020年3月	海关总署	《关于跨境电子商务零售进口商品退货有关监管事宜的公告》（海关总署公告2020年第45号）	延长退货操作时间、明确退货场地等，优化跨境电子商务零售进口商品退货监管等
2020年5月	国务院	《关于同意在雄安新区等46个城市和地区设立跨境电子商务综合试验区的批复》	同意在雄安新区、大同市、满洲里市、营口市、盘锦市、吉林市、黑河市、常州市、连云港市等46个城市地区设立跨境电子商务综合试验区
2020年5月	国家外汇管理局	《关于支持贸易新业态发展的通知》（汇发〔2020〕11号）	拓宽贸易新业态结算渠道、提升跨境结算效率、满足个人对外贸易结算需求、推动更多外汇业务网上办理，提高贸易外汇收支便利化水平等
2020年6月	海关总署	《关于开展跨境电子商务企业对企业出口监管试点的公告》（海关总署公告〔2020〕年第75号）	增列海关监管方式代码"9710"和"9810"，即"跨境电商B2B直接出口"和"跨境电商出口海外仓"，为跨境电商出口申报、通关提供便利等
2020年11月	东盟10国及中国、日本等15个国家	《区域全面经济伙伴关系协定》	RCEP协定的第十二章，条款总共十七条，主要包括了促进无纸化贸易、推广电子认证和电子签名、保护电子商务用户个人信息、保护在线消费者权益、加强针对非应邀商业电子信息的监管合作等规则

续表

时间	部门	政策	重点内容
2020年11月	国务院办公厅	《关于推进对外贸易创新发展的实施意见》	促进跨境电商等新业态发展
2021年3月	国家发展和改革委员会	《中华人民共和国国民经济和社会发展第十四个五年规划和2035年远景目标纲要》	加快发展跨境电商，鼓励建设海外仓，保障外贸产业供应链运转
2021年7月	国务院办公厅	《关于加快发展外贸新业态新模式的意见》（国办发〔2021〕24号）	推广数字智能技术应用、完善跨境电商发展支持政策、推进跨境电商综合试验区建设、培育一批优秀海外仓企业、完善覆盖全球的海外仓网络等
2021年7月	商务部	《"十四五"商务发展规划》	推动外贸创新发展，开展跨境电商"十百千万"专项行动、规则和标准建设行动，海外仓高质量发展专项行动等。到2025年，使跨境电商等新业态的外贸占比提升至10%
2021年10月	商务部、中央网信办、发展改革委	《"十四五"电子商务发展规划》（商电发〔2021〕191号）	培育跨境电商配套服务企业，继续推进跨境电商综试区建设，加快在重点市场海外仓布局等
2021年11月	商务部	《"十四五"对外贸易高质量发展规划》	支持加快发展贸易新业态，包括促进跨境电商持续健康发展，推进市场采购贸易方式创新发展，发挥外贸综合服务企业带动作用、加快海外仓发展
2021年12月	国务院	《"十四五"数字经济发展规划》	大力发展跨境电商，扎实推进跨境电商综合试验区建设，积极鼓励各业务环节探索创新，培育壮大一批跨境电商龙头企业、海外仓领军企业和优秀产业园区，打造跨境电商产业链和生态圈

续表

时间	部门	政策	重点内容
2022年1月	国家发展改革委	《"十四五"现代流通体系建设规划》	促进跨境贸易多元化发展,培育外贸新动能。深入推进跨境电商综合试验区建设,研究调整跨境电商零售进口商品清单范围,支持发展保税进口、企业对企业(B2B)出口等模式,鼓励跨境电商平台完善功能
2022年2月	国务院	《关于同意在鄂尔多斯等27个城市和地区设立跨境电子商务综合试验区的批复》	同意新增鄂尔多斯市、扬州市等27个城市和地区为跨境电子商务综合试验区
2023年1月	财政部、海关总署、税务总局	《关于跨境电子商务出口退运商品税收政策的公告》	因滞销、退货原因,自出口之日起6个月内原装退运进境的商品(不含食品),免征进口关税和进口环节增值税、消费税;出口时已征收的出口关税准予退还,出口时已征收的增值税、消费税参照内销货物发生退货有关税收规定执行
2023年4月	国务院办公厅	《关于推动外贸稳规模优结构的意见》	推动跨境电商健康持续创新发展,支持外贸企业通过跨境电商等新业态新模式拓展销售渠道、培育自主品牌;积极发展"跨境电商＋产业带"模式;加快出台跨境电商知识产权保护指南,引导跨境电商企业防范知识产权风险等
2023年12月	国务院办公厅	《关于加快内外贸一体化发展的若干措施》	培育内外贸融合发展产业集群,促进"跨境电商＋产业带"模式发展,带动更多传统产业组团出海

进入2024年,国家层面对跨境电商的政策红利还在不断释放。2024年1月初,中央经济工作会议在部署2024年9项重点任务中特别强调,"要加快培育外贸新动能,拓展跨境电商出口",为2024年的外贸行业指出

了清晰的发展方向。2024年,商务部还将出台《拓展跨境电商出口、推进海外仓发展的若干措施》,要大力发展"跨境电商＋产业带"模式,鼓励传统外贸企业转型跨境电商;同时,国家还将发布《跨境电商知识产权保护指南》等一系列利好政策。可以预见,2024年,中国的跨境电商产业还将迎来新的飞跃,跨境电商作为促进传统外贸转型升级、促进传统贸易向数字贸易转型的新利器将发挥更大的作用。

第二章

有关跨境电商的理论研究

近年来,跨境电商逐渐成为学界研究的热点,涉及跨境电商产业发展的诸多方面。归纳起来,主要包括以下的研究。

一、有关跨境电商对促进贸易发展的研究

梁嘉慧认为,国际贸易发展较快的地区,对跨境电商需求较大,跨境电商发展也较快;而跨境电商发展水平较高的地区,其技术能力、信息化水平、产业链基础也较好,会促进贸易增长[3]。Ali Ghorbani 等通过研究发现,在经济全球化发展过程中,电子商务对国际贸易发展具有促进作用[4]。谢敏和熊国祥认为,跨境电商的发展能够带动我国交通、物流和仓储等与电商配套的基础设施的提升,弱化贸易距离的影响,促进中国对外贸易的增长[5]。鞠雪楠等通过研究发现,跨境电商能够降低贸易的固定成本,有效扩展贸易边界[6]。罗娜和罗乐娟通过实证分析,探究了跨境电商发展与对"一带一路"国家的出口贸易的关系,研究结果显示跨境电商发展能有效促进我国出口贸易的增长[7]。He 等通过研究认为,电子商务对国际贸易具有重要的作用,能有效提升企业产出和企业进出口,提升企业利润[8]。Gómez 等以欧盟国家的跨境电商为研究对象,通过研究发现,跨境电商能够极大降低跨境贸易的交易成本,为跨境贸易提供更为安全、高效的商业模式[9]。王娜和张睿也通过研究发现,跨境电商对我国出口贸易有显著的正向影响[10]。王健和巨程晖认为,随着跨境电商平台和相关政策体系的完善,跨境电商正在大力促进中小外贸企业转型升级[11]。Norris 等也认为跨境电商促进了国际分工,丰富了国际贸易方式,减少了贸易成本,让国际贸易更加便利化,这些都促进了国际贸易更深入发展[12]。Hyuksoo 等通过对比跨境电商与传统贸易方式,发现跨境电商能满足消费者的多样需求,降低了从业者准入的门槛,克服了时空和文化的距离,让新技术快速得到运用,产品销售呈现快速增长[13]。马述忠等也强调,跨境电商可以降低成本,尤其是在发达国家,可以更有效地降低运营成本,与出口跨境电商相比,进口的跨境电商降低程度更明显[14]。

二、跨境电商对促进经济增长的研究

周涛认为,电子商务是实体经济与虚拟经济联系的桥梁,对促进国家经济发展具有重要作用[15]。张华娟针对全国200多个地级市9年的经济数据进行了分析,发现跨境电商综合试验区对经济发展都有促进作用,其中东部地区更加明显[16]。常智刚选取江浙沪地区的相关数据进行研究,发现跨境电商综试区能有效促进地区经济发展[17]。苏尤丽等也通过对全国30多个城市的经济数据进行了分析,发现跨境电商综试区对城市经济发展有明显的促进作用,在经济越发达的地区,作用越显著[18]。Wang等选取了中国前三批30多个跨境电商综试区进行了实证研究,结果发现,跨境电商综试区对经济发展的促进作用明显,城市经济与跨境电商综试区发展相辅相成[19]。宋颜群和胡浩然研究发现,通过发展跨境电商综试区,实施跨境进口,能够大幅度提升家庭的消费水平[20]。张赠富通过研究发现进口跨境电商促进了居民消费结构升级,满足了居民的消费需求[21]。高笑通过研究也发现,跨境电商进口有效促进了消费者的消费需求和经济的发展[22]。官竟协认为通过进口,可以有效满足国内消费者的需求,激发市场活力,促进了供给侧的改革与发展[23]。

三、有关跨境电商政策的研究

陈倩认为,发展跨境电商对于产业聚集和产业的规模发展具有积极的促进作用[24]。近年来,国家密集出台关于跨境电商的政策,逐渐由支付、税收扩展到预支相关的监管、物流等领域;政策对跨境电商生态体系影响越来越深刻[25]。王瑞等通过分析多个跨境电商综试区数据,认为跨境园区与电商政策能够促进跨境电商的发展,跨境电商生态体系越完善,越能促进包括电商、物流、生产流通和制造等企业聚集,有利于形成产业生态[26]。赵崤含和潘勇通过梳理国家的跨境电商政策并进行量化分析后发现,国家所实施的跨境电商政策为跨境电商行业发展提供了良好的政策环境,并随着市场供需关系的变化进行及时调整后,能最大程度实现政策的效度[27]。Chen通过研究发现跨境电商有关政策的颁布和实施能有效促进跨境电商企业业务增长,同时也有利于整个跨境电商行业的发展[28]。

四、关于跨境电商综试区的研究

白晓花通过对武汉跨境电商综合试验区的研究,认为武汉应充分利用"自贸区"和"综试区"的双重身份,利用相关政策的联动,结合本地产业,进行特色化发展[29]。张正荣等通过对全国70个跨境电商综试区的设立模式及推广角度进行研究,他们认为要素驱动、政策引导和外资参与是跨境电商综试区发展的"助推器"[30]。丁慧平通过对青岛跨境电商综试区的研究,认为应该通过发挥综试区核心功能、扩大用户规模、提高用户转化三个维度,促进跨境电商综试区的发展[31]。鄁志雄认为跨境电商综试区应该重点关注人才培养模式创新、园区特色打造、数据统计等,为跨境电商产业发展提供便利[32]。张夏恒和陈怡欣构建了跨境电商综试区运行绩效评价体系,分别包括基础绩效、服务绩效、成长绩效3个层面,该评价体系对于跨境电商的发展具有积极的促进作用[33]。张晓东从经济实力、电商基础、贸易网络、发展核心4个维度构建了多项指标体系来研究影响跨境电商综合试验区的要素[34]。丁慧平通过对跨境电商综合试验区研究,认为必须对跨境电商综合试验区建设进行资源投入,并构建包括信息共享、金融支持、物流保障以及信用管理体系四大体系[35]。

以上是关于跨境电商综试区对促进贸易发展、经济增长的深入研究,同时也从政策维度进行了有效梳理,最后是关于国家实施跨境电商综合试验区成效及评价的研究。相关的研究从理论到实践,从整体到局部,从过去到现在,内容涵盖全面、深入,成果有较强的可借鉴作用,对于体制完善、政策制定和产业发展均具有积极的意义。

第三章

数字经济概述

一、数字经济的概念与内涵

1. 数字经济的概念

在 2016 年 G20 杭州峰会上，与会各国共同发布了《二十国集团数字经济发展与合作倡议》，其中对数字经济进行了如下定义：数字经济是指以使用数字化的知识和信息作为关键生产要素、以现代信息网络作为重要载体、以信息通信技术的有效使用作为效率提升和经济结构优化的重要推动力的一系列经济活动。这一经济形态的核心驱动力在于数字技术的创新，它持续促进传统产业的数字化和智能化升级，从而深刻影响并加速重构经济发展和治理模式。

数字经济先后经历了 3 个阶段的进化与演变[36]。第一阶段被称为探索期，在这一阶段，电子商务刚刚开始发展，新的商业模式逐步诞生和发展。第二阶段为拓展期，在此阶段，政府开始重视数字经济的发展，并开始颁布相关的促进计划和法案，比如英国的"数字英国"计划。第三阶段为成型期，在此阶段，数字经济被各国确定为国家重点发展战略，数字化转型以及各类数据要素成为重点，杭州的 G20 峰会对数字经济进行了定义。

我国有关数字贸易和数字经济的定义主要如下。数字贸易是指针对商品和数据等进行数字化改造、研发和设计，并通过互联网，为客户提供产品及服务的新型贸易形式。数字经济已经在国家各类文件中被频频提及，包括《中华人民共和国国民经济和社会发展第十四个五年规划和 2035 年远景目标纲要》等重要的政策文件。通常来说，数字经济可以被分为产业数字化和数字产业化，产业数字化有助于提升数字化效率；数字产业化就是把产品生产制造、产品服务等进行数字化改造和提升。

2. 数字经济的内涵

党的二十大报告提出要加快发展数字经济，促进数字经济与实体经济的融合，数字经济融合了云计算、大数据、人工智能等新质生产力工具，有利于促进生产效率的提升。在新发展格局的背景下，数字经济将有效推动社会经济高质量发展。数字经济与传统的农业经济、工业经济相比，其内涵体现在以下4个方面[37]。

（1）数字经济强大的算力。其超快的运算速度和超强存储能力具有划时代的意义，这也是其与农业经济时代和工业经济时代巨大的差别所在。摩尔定律认为，集成电路上可容纳的元器件的数目，约每隔18—24个月便会增加一倍，性能也将提升一倍。这就是科技发展日新月异的变化，这也反映出数字经济强大的运行效率，利用好数字化技术，将极大推动实体经济的快速发展。

（2）关注其信力。随着数字经济的深入发展，数字化给人类带来了极大的便利，但同时随着人工智能时代的来临，人类对人工智能的依赖度将不断增加，由此也带来了安全的问题。因此，数字经济时代，要关注数字经济的深入发展所带来的安全挑战性问题。

（3）强大的想象力。数字化时代，创造了全新的虚拟空间，在虚拟空间内，人类的想象力被充分释放，人类的创新能力也得到了极大的提升。因此，在数字化时代，数字经济将会向纵深发展，由此演化而来的是传统经济的转型升级、新业态和模式的不断创新，这是人类要面对的新的挑战和机遇。

（4）管理力。随着数字经济的蓬勃发展，由算力、信力和想象力共同组成的管理力正日益成为影响未来数字世界价值存储与运算的关键因素。这是未来数字世界的核心竞争力所在，管理力将会有效链接物理空间和虚拟空间，将会不断创新，创造出新的价值，并得到广泛的认可。

二、数字经济与跨境电商的关系

当前，我国外贸环境仍面临诸多复杂多变的挑战，形势严峻。为了应对这些困难，国务院迅速行动，发布了推动外贸稳定与优化结构的政策指导。商务部将紧密遵循党中央、国务院的决策部署，以问题为导向，以目标为引领，既注重当前的实际需求，也着眼未来的长远发展。主管部门积极作为，着重于政策的落地实施，稳固出口市场，扩大进口规模，并鼓励创新，以更加有力的措施推动外贸在规模上保持稳定、结构上持续优化。在此背景下，各地结合跨境电商发展新特点新趋势，结合本地实际，以创新发展为主线，以推动"数字化＋产业带＋跨境电商"为模式，从而将更多特色产品打入国际市场。

基于 E. G. Ravenstein 的推拉理论，数字经济背景下，跨境电商将以新质生产力工具，包括人工智能、大数据等作为技术支撑，实现高质量发展[38]。

1. 数字技术引领跨境电商革新

数字经济浪潮下，数字技术正全面革新跨境电商的运营模式。从核心的数据挖掘到产业协同，再到消费者与跨境电商的无缝连接，数字技术都发挥着至关重要的作用。这些技术的运用不仅提升了运营的精准度，还推动了跨境电商向更高质量的方向发展。

2. 塑造数字品牌新格局

随着数字经济的深入发展，我们积极构建数字品牌生态，包括集群化、模式化和价值化 3 个层面[39]。这有助于跨境电商形成独特的品牌魅力，提升市场竞争力，满足消费者日益多样化的需求。

3. 强化数字规范治理

在数字经济背景下，我们构建了以数据治理、数字人才和数字管理为核心的规范治理体系。这有助于确保跨境电商在合法、合规的轨道上运行，为消费者提供更安全、更便捷的服务。

4. 夯实数字基础设施

跨境电商的高质量发展离不开坚实的数字基础设施支撑。我们致力于推进数字基建、数字支付和数字物流等方面的建设，为跨境电商的发展提供强有力的保障。依托数字经济，可以推进跨境电商物流建设，提升物流体系的竞争力，促进国际供应链的竞争力，从而整体提升我国跨境电商的竞争力[40]。

第三章　数字经济概述

2022年1月，国务院印发了《"十四五"数字经济发展规划》，提出了到2025年促进数字经济发展迈向全面扩展期的总体部署规划。其中，有效拓展数字经济国际合作是数字经济发展规划中的八大重点任务之一。拓展我国数字经济国际合作既是推动我国数字经济健康发展的内在需要，也是稳步提升我国数字经济国际竞争力的必然选择。然而，目前我国在拓展数字经济国际合作时面临诸多问题与挑战，如贸易数字化发展水平有限，"一带一路"数据经济发展迟缓，支撑数字经济发展的数字技术基础薄弱等[41]。跨境电商蓬勃发展使得其在提升贸易数字化水平、推动"数据丝绸之路"建设、打造我国引领全球的数字技术优势等方面发挥越来越重要的作用。因此，如何利用跨境电商拓展我国数字经济国际合作已经成为当前亟待解决的问题。跨境电商是我国发展速度最快、潜力最大、带动作用最强的外贸新业态，已经成为外贸发展的新动能、转型升级的新渠道和高质量发展的新抓手。2018—2023年，我国跨境电商进出口五年来增长10倍。2022年中国跨境电商市场规模达15.7万亿元，较2021年的14.2万亿元同比增长10.56%。此外，2018—2021年跨境电商市场规模（增速）分别为9万亿元（11.66%）、10.5万亿元（16.66%）、12.5万亿元（19.04%）、14.2万亿元（13.6%）。2018—2021年跨境电商行业渗透率分别为29.5%、33.29%、38.86%、36.32%。跨境电商行业渗透率随之行业的发展及传统外贸增长有关，总体来说渗透率在稳步提升。目前独立站等模式的出现，给跨境电商企业更多的渠道选择，也将带动行业规模的发展。进出口结构方面，2022年中国跨境电商出口交易规模占比达到77.25%，进口交易规模占比为22.75%。国内跨境电子商务企业主要分布于经济比较发达的地区，包括广东、上海、浙江等地区。这些地区产业聚集，政策措施到位，拥有良好的基础设施和物流体系，吸引大量的跨境电商企业聚集发展。

跨境电商的迅猛发展，原因是多方面的。一方面，跨境电商减少了中间环节，提升了供应链的效率，提升了海外消费者的满意度和体验感。另一方面，跨境电商将信息流、资金流、进出口和物流形成了有效的闭环，促进了传统贸易转型升级。跨境电商的发展还衍生出众多新型服务业，包括第三方代运营公司、保险、金融、海外仓等，从而帮助中国在全球服务体系内获得了新的发展机遇[42]。

第四章

数字经济与国际贸易的关系

一、国际贸易的相关理论

1. 重商主义

一个国家的财富多少是由金银来决定的,因此,要通过国际贸易,通过对外贸易并保持顺差来获得金银,一个国家应该尽可能多卖少买,即出口必须超过进口,才能对国家的发展具有意义和价值,这样就能使金银流入,国家就会富裕[43]。

2. 绝对优势理论

亚当·斯密认为国际贸易的原因是国与国之间的绝对成本的差异,如果一国在某一商品的生产上所耗费的成本绝对低于他国,该国就具备该产品的绝对优势,从而可以出口,反之则进口。各国都应按照本国的绝对优势形成国际分工格局,各自提供交换产品[43]。

3. 比较优势理论

在两国之间,劳动生产率的差异并非在所有产品上都是均等的。因此,各国应明智地选择,专注于生产并出口其具备比较优势的产品,同时进口那些本国生产较为劣势的产品。这种策略可以表述为"在两种优势中选择更为突出的,在两种劣势中选取相对较轻的"。通过这样做,两国都能有效地节约劳动力资源,享受到专业化分工带来的劳动生产率提升的好处[44]。

4. 贸易保护理论

贸易保护主义主张在对外贸易中采取一系列措施,旨在保护本国商品免受外国商品竞争的冲击,并通过提供各类优惠措施来增强本国商品的国际竞争力。在实施这一策略时,主要采取关税壁垒和非关税壁垒两种形式。关税壁垒是通过大幅提高进口关税,限制外国商品的进入数量;而非关税壁垒则包括实施进口许可证制度、设定进口配额等一系列措施,来限制外国商品自由流入本国市场。这些做法旨在维护国内产业的利益,但同时也可能导致国际贸易关系的紧张和不平衡[45]。

5. 相互需求理论

1848年,约翰·斯图亚特·穆勒提出两国进行国际贸易,交换比率是由其对商品需求程度决定的,同时从数量而言,出口货物和进口货物应该保持平衡[46];相互需求理论实质上是指由供求关系决定商品价值的理论,是对比较优势理论的完善和补充。

6. 数字贸易的定义和概念

美国国际贸易委员认为数字贸易包括实体货物、数字产品,以及服务贸易等[47]。马述忠等认为数字贸易通过新质生产力工具,将传统实体货物和数字产品等进行转换,推动实体经济与互联网的融合,数字贸易是传统贸易新的发展形态[48]。López和Ferenca也认为数字贸易不仅包括数字产品和服务的交易,也包括通过互联网而实现的传统商品的交易等[49]。

二、数字经济与国际贸易的关系

数字经济的发展对国际贸易产生了深远的影响。

其一,既有的研究成果认为,以数字技术的应用有效降低了国际贸易的成本,使得众多中小微企业参与到国际贸易中来,比如美国国际贸易委员会的研究报告中指出,数字技术使全球贸易成本降低26%。Lopez-Gonzalez和Jouanjean认为数字技术能够有效提升信息的准确性,解决供需匹配,提升成功率[50]。李凯杰等认为数字经济的快速发展为重塑出口贸易韧性提供了良好机遇,他们研究发现,数字经济有利于国家的出口[51]。李宏兵和张少华认为数字经济国际合作为我国贸易高质量发展提供了新动能,数字基础设施合作有助于促进创新发展,加快贸易动能转换,并能降低贸易成本[52];李金城和周咪咪通过实证研究发现,互联网越是发达的国家,对国际贸易的促进作用越明显[53]。潘家栋和肖文研究发现,互联网能有效降低信息搜寻成本、沟通成本及生产成本,提高效率[54]。

其二,既有的研究还发现,数字经济能有效促进国际贸易的发展。比如葛飞秀和张智焜认为伴随着新型数字技术的发展以及在各类商业模式中的深度运用,数字经济驱动了服务贸易高质量发展,数字经济不仅推动服务贸易远程交易量增加,促进高附加值服务贸易的发展和服务贸易结构的升级,还在疫情暴发、贸易受阻的情况下成为国际贸易的稳定剂[55]。Freund和Weinhold以2000年美国服务贸易为研究对象,分析了数字技术对美国服务贸易的影响,发现互联网技术能够有效促进服务贸易发展[56]。Vemuri等通过贸易数据进行实证研究,结果表明,信息技术能够有效提高国际贸易规模[57-58]。Liu和Nath实证研究了信息技术对国际贸易进出口的影响,研究发现信息技术对国际贸易增长有显著的作用,特别是发展中国家的互联网使用有效改善了国际贸易[59]。

其三,现有的研究还发现,数字经济能有效提升出口质量。比如刘金焕和万广华通过研究发现,最低工资标准和互联网的发展对于中国企业出口产品质量的提升具有显著的正向影响,同时互联网的发展也促进了出口产品质量的提升[60]。谢靖和王少红通过研究发现,互联网等技术的应用,数字经济的发展有效降低了生产成本,提高了生产率,促进了出口产品的质量提升[61]。马中东和宁朝山在分析数字经济对制造业质量升级影响机理基础上,应用中介效应模型考察数字经济对制造业质量升级的效应,研究结果表明,数字经济可显著促进制造业质量升级[62]。王瀚迪和袁逸铭采用2008—2013年工业企业和海关数据的匹配样本进行实证分析,研究发现数字经济对于企业出口质量有明显的正向促进效应[63]。陈明明等基于2012—2015年中国上市企业的数字化转型数据,并结合同期中国海关进出口数据库,进行了实证分析,以探究企业数字化转型对出口产品质量的具体影响。研究结果表明,企业数字化转型对提升出口产品质量具有显著的正向作用。这种提升主要源于数字化转型提高了企业的生产效率,从而为企业提供了更多的资源投入以改善产品质量。同时,数字化转型也促进了人力资本的积累,为出口产品质量的提升提供了高质量的人力资源支持[64]。

三、数字经济与跨境电商的关系

最新研究揭示了数字经济对跨境电商发展的积极推动作用。以吴欣和周菲的研究为例，他们深入探讨了数字经济通过交易成本和生产效率两大中介因素如何影响中国跨境电商贸易的发展。研究发现，数字经济不仅显著促进了跨境电商贸易的整体增长，而且在出口集约边际和出口扩展边际上均产生了积极效果。这一影响机制中，交易成本和生产效率发挥了显著的中介作用，为理解数字经济与跨境电商发展的关系提供了新视角[65]。徐承凤认为跨境电商正在进入数字化时代，比如阿里巴巴利用人工智能实现了精准营销和智能化运营，实现了全流程数字化[66]。张国园认为，数字经济促进了跨境电商的发展，跨境电商可以通过在线平台将商品推向全球市场，触及更多潜在消费者，从而扩大销售范围和规模；数字化技术使跨境电商能够更好地管理和优化供应链；数字化媒体和社交媒体的广泛应用使得跨境电商可以更容易地进行海外市场推广和品牌建设[67]。张威认为，数字经济提高了跨境电商的效率与便利性，拓展了跨境电商的市场，提高了跨境电商的质量[68]。孟涛等认为，在数字经济背景下，数字经济能有效实现数字核心技术赋能新动力、数字基础设施支撑新发展、数字品牌生态创造新价值、数字规范治理提供新保障，从而推动我国跨境电商高质量发展[69]。

第五章

主流跨境电商平台简介

一、中国主流跨境电商平台

1. 敦煌网

敦煌网成立于 2004 年，主要开展 B2B 跨境电商交易服务，敦煌网专注小额 B2B 赛道，为跨境电商产业链上中小微企业提供店铺运营、流量营销、仓储物流、支付金融、客服风控等服务，帮助中国制造对接全球采购。截至 2023 年，已经拥有 254 万以上累计注册供应商，年均在线产品数量超过 3 400 万，累计注册买家超过 5 960 万，覆盖全球 225 个国家及地区，提供 100 多条物流线路和 10 多个海外仓，在北美、拉美、欧洲等地设有全球业务办事机构。

2. 阿里巴巴国际站

成立于 1999 年，是全球最大的提供 B2B 服务的跨境电商平台。截至 2024 年，阿里巴巴国际站物流已覆盖全球 200 多个国家和地区，服务卖家数 20 万以上，出口金额累计 1 000 亿美元以上，海外活跃买家达到 4 000 万以上。能提供全套数字外贸服务包括数字店铺、精准推广、场景营销、交易保障、支付结算、报关退税、跨境物流、金融服务等。

3. 全球速卖通

2010 年创立，截至 2019 年，已覆盖全球 220 个国家和地区，主要交易市场为俄罗斯、美国、西班牙、巴西、法国等国。支持世界 18 种语言站点，海外成交买家数量突破 1.5 亿。支持全球 51 个国家的当地支付方式。是阿里巴巴下属的 B2C 交易平台，也被称为国际淘宝。全球速卖通面向海外买家，通过支付宝国际账户进行担保交易，并使用国际快递发货，是全球第三大英文在线购物网站。据 2021 年的相关报道，全球速卖通 APP 的海外装机量已超过 6 亿，并入围全球应用榜单前 10 名。

4. 希音 SHEIN

上线于 2008 年 8 月，是一家专注于女性快时尚的跨境 B2C 互联网企业，以快时尚女装为业务主体，主要面向欧美、中东等消费市场。善于开发小语种市场以及利用社交媒体宣传产品。业务覆盖 150 多个国家和地区消费者，APP 覆盖全球 50 多种语种，拥有 11 个自有品牌，SHEIN 的定位是"跨境快时尚企业"，网站上所有的商品，都是自主设计、生产和销售的女装。年销售额超千亿，APP 下载量力压亚马逊居季度榜首。2022年，SHEIN 凭借其卓越的市场表现，超越了国际知名品牌如耐克和阿迪达斯，荣登 Google 服装品牌搜索量榜首。更值得一提的是，SHEIN 成功取代了 ZARA，成为当年全球最受欢迎的时尚品牌。这一成就的背后，离不开 SHEIN 对广州在时尚、服装产业及跨境出口领域优势的深入融合。通过独特的"自营品牌＋平台"双引擎战略，SHEIN 不仅推动了时尚与服装产业的数字化转型升级，更助力了众多优质中国制造、品牌及产业带拓展海外市场，显著提升了跨境出口能力。在在线零售的基础上，SHEIN 创新性地采用了按需生产的柔性供应链模式，这种模式极大地提高了生产效率和响应市场变化的能力。目前，SHEIN 已深入布局全国 500 多个产业带，通过跨境电商的方式，助力这些产业带在全球范围内拓展销售并提升品牌影响力。这一举措不仅为 SHEIN 带来了更为广阔的市场空间，也为中国的时尚与服装产业带来了更多的发展机遇。

5. TEMU

emu 意为"Team Up，Price Down"，是拼多多旗下的跨境电商平台，与国内名拼多多的意思相近，即买的人越多，价格越低。2022 年 9 月，在美国上线推出，以 temu.com 上线，专注于消费品，最初面向美国消费者提供 15 种不同类别的产品，涵盖时装到办公用品等各种类型产品。

6. TikTok 平台

TikTok 为海外版的抖音，在 2019 年已经覆盖到全球 150 多个国家和地区，支持 75 种语言，成为多个国家和地区最受欢迎的社交 APP。

TikTok 用户已经达到 28 亿。TikTok 2022 年的全球收入为 35 亿美元，与 2021 年的 23 亿美元相比同比增长近 60％。TikTok 在 2023 年的营收达到 180 亿美元，TikTok 拥有庞大的国际用户群体，特别受到年轻一代用户的青睐，TikTok 以其特有的短视频形式和创意的内容营销方式吸引了无数用户，为跨境卖家提供了一个全新的产品展示和推广平台。

二、国外主流跨境电商平台

1. 亚马逊公司

亚马逊公司是由杰夫·贝佐斯于 1995 年 7 月 16 日成立的，原名 Cadabra。公司中最早的业务是在网络上销售书籍，其性质是基本的网络书店。亚马逊是世界 500 强公司，2021 年在全球互联网企业中名列第三，其影响力在跨境电商平台中独树一帜，是全球最大的网络零售商。亚马逊销售的品类众多，包括各类二手商品，以及图书、音乐、数码、家居、宠物用品、服饰、护理用品、珠宝、皮具、箱包、家纺、婚纱、瓷器、体育用品、汽车配件和各类工业产品等，不一而足。亚马逊有严格的准入机制和品质监控制度，商家入驻必须提供相关资质，亚马逊严禁各类欺诈、刷单和盗版等违法行为，一旦发现就关闭店铺。卖家加入亚马逊后，亚马逊会通过完善的技术和流程监督卖家的经营行为，以保证顾客购买到正品商品。在亚马逊，每个店铺的商品都可以通过设置独立页面进行全方位的展示，顾客可以浏览商品信息、评论、价格，以及排名等信息，从而有助于顾客进行对比并做出是否购买的决定。比如当顾客搜索特定商品时，亚马逊只会显示一个搜索结果。如果多个卖家销售同一款商品，那么各自的报价就会在商品的卖家列表上显示，方便顾客进行比较和对比，从而做出选择。卖家的商品也可以通过单一产品页面，增加流量商品曝光，共享亚马逊流量。2019 年，亚马逊已经成为全球用户数量最大的零售网站，超越了美国的沃尔玛、苹果以及我国的阿里巴巴集团。数据显示，截至 2019 年 6 月，亚马逊全球独立用户数量已经达到 2.82 亿，位居世界第一，同时亚马逊在全球的活跃用户已经达到 3 亿，在全球设立了 149 个运营中心，物流网络覆盖到全球 185 个国家和地区。亚马逊在北美、欧洲和日本的在线销售平台中均处于垄断地位。

2. Wish

Wish 是北美最大的基于移动手机端的跨境电商外贸出口零售平台，2010 年成立于美国旧金山硅谷；2013 年加入商品交易系统，进入外贸电子商务领域；2013 年 12 月年经营收益超过 1 亿美元。Wish 目前注册账号、开设店铺、上架产品都是免费的，只从卖家每笔交易中收取 15% 的额外佣金。Wish 以 B2B、B2C 垂直类销售模式为主。主要针对手机移动端的客户，以北美市场为主。值得一提的是，Wish 会依靠大数据根据客户的搜索习惯给客户推送相应的产品。2018 年，Wish 累计向全球超过 3.5 亿的消费者供应了超过 2 亿款商品，月活跃用户超过 9 000 万人，活跃商户有 12.5 万，日出货量峰值达到 200 万单，订单主要来自美国、加拿大、欧洲等全球各地区。2019 年 10 月 21 日，胡润研究院发布《2019 胡润全球独角兽榜》，Wish 排名第 25 位。

3. eBay

eBay 创立于 1995 年，以 B2C 垂直销售模式为主。主要针对个人客户或小型企业，类似淘宝 C 店。eBay 热销品类包括：数码产品，时尚类别，家具及园艺品类，汽配，商业和工业品类等。据 Business of Apps 2024 年数据，eBay 拥有超过 1 800 万的卖家，其活跃用户来自 190 多个国家。

4. Shopify 平台

Shopify 公司成立于 2006 年，是一站式 SaaS 模式的电商服务平台，是一家加拿大跨国电子商务公司，Shopify 可以让用户自主管理在线商店，个人可以在 Shopify 上快速建立起自己设计的电商网站，并可以将商品销售到全球。同时，可以提供包括网站安全、页面设计、销售数据统计等在内的全方位服务，用户不需要花费精力在软件以及网络编程上，只专注于销售核心业务就可以了。Shopify 在 2010 年后真正进入高速发展阶段，并于 2015 年 5 月 21 日在美国上市，市值 21.4 亿美元。据相关报告得知，目前 Shopify 的服务已覆盖了 150 多个国家，服务的商家超过 24 万，日均访问 IP 为 700 万左右。Shopify 通过整合 Facebook 和 Twitter 等信息平台，让店主可以在手机 APP 上通过这些社交应用直接与客户开启商务对话。2020 年，其市值已超过 1 300 亿美元，总交易额达 1196 亿美元，占亚马逊销售额的 40%。

5. Mercado Libre（美客多）平台

美客多已经成长为拉美最大的电商平台，被誉为"拉美版 eBay"。美客多成立于 1999 年，总部位于阿根廷布宜诺斯艾利斯，有相对比较稳定的低消费群体，有点像国内的淘宝。业务遍及拉美的 18 个国家及地区，并于 2007 年首次公开募股后在纳斯达克上市。作为拉美首屈一指的全品类平台，美客多深受拉美国家欢迎。根据 ComScore September 2017 的一项报告，美客多在阿根廷、巴西、墨西哥、智利、委内瑞拉、哥伦比亚等拉美主要国家均占据电商平台流量排名榜首。美客多不仅仅是电商平台，还涉足其他业务领域，包括支付、物流、供应链金融、广告营销等。

6. 日本乐天平台

日本乐天、日本亚马逊和日本雅虎是日本的三大电商平台，占据了日本网上购物的半壁江山，而其中乐天的市场占有率最大，拥有 1 亿多用户。截至 2022 年，日本乐天店铺数超 5.7 万家，日本电商市场的市场占有率超过 28%，日本国内流通总额达到 5.6 兆亿日元，平均每日流通额约 153 亿日元，约 7.7 亿元人民币，是日本大型百货商店销售额的 9.7 倍。其中，市场占有率最高的 3 个领域分别是生活杂货、服装、食品以及生鲜。从消费市场来说，乐天市场的特点是顾客黏度高、回访客多，顾客以 30—40 岁女性为主。乐天在 B2C 市场份额中占比达到 28% 以上，在服饰、家具、家居、食品和日用等品类方面表现突出。

7. Shopee 平台

Shopee 平台于 2015 年创立，公司总部现设立在新加坡，是目前东南亚龙头平台，业务覆盖新加坡、马来西亚、菲律宾、泰国、越南、巴西、墨西哥、哥伦比亚、智利等十余个国家并正在全世界进行扩张和发展，公司高度重视中国市场，先后在中国深圳、上海和香港设立业务中心和办公室。2022 年，Shopee 营收达到 73 亿美元，同比增长 42.3％，总订单数为 76 亿，同比增长 23.7％，GMV（Gross Merchandise Volume，商品交易总量）达到 735 亿美元，同比增长 17.6％。2022 年度，Shopee 在全球购物类 APP 中，平均月活跃用户数增速位居前三，同时位列东南亚、印度尼西亚及巴西市场的购物类 APP 平均月活跃用户和用户使用总时长第一。Shopee 品牌影响力广泛，入榜 YouGov 2022 全球最佳品牌榜第五，在前 10 中是唯一入选的电商品牌。

8. Lazada 平台

Lazada 平台成立于 2012 年，2016 年阿里巴巴入股，成为阿里巴巴旗下东南亚电商平台，目前在东南亚已经建成物流体系和支付体系，是东南亚增长速度较快的电商平台。Lazada 平台不断加大科技研发投入，带动东盟的印度尼西亚、新加坡、泰国等 6 个国家的市场发展，平台拥有的活跃用户超过 8 000 万，业务增长迅速，保持着多个季度订单翻倍的纪录。2022 年，Lazada 商品交易总额（Gross Merchandise Volume，GMV）为 201 亿美元，东盟地区排名第二。

9. Etsy 平台

Etsy 成立于 2005 年，是美国最大的销售手工工艺品的电商平台，吸引了一大批设计师成为平台的粉丝。在 Etsy，个人可以通过开店销售自己的手工艺品，模式类似淘宝。Etsy 产品包括服饰、珠宝、玩具、摄影作品、家居用品等，Etsy 吸引了一批设计师加盟，他们建立自己的品牌，销售自己设计的产品，在消费者中拥有较高的声誉。2020 年，Etsy 的 GMV 为 103 亿美元，同比增长 107％；净利润为 3.49 亿美元，同比增长 264.2％。活跃卖家数已破千万，当年暴增 300 万。

10. Trendyol 平台

Trendyol 是土耳其最大的电商平台，成立于 2010 年。2020 年，有

9.8万家企业和110万个人卖家在Trendyol上共销售了3.47亿件产品。2021年，阿里巴巴以94亿美元的估值向该公司投资了3.5亿美元，随后完成新一轮融资，该平台为土耳其全国3 000万购物者和14万多个商家提供服务，每天递送100万个包裹。Trendyol拥有自己的快递网络Trendyol Express，Trendyol还销售全球顶级品牌和国内品牌以及自有品牌，主营品类包括电子产品、家居用品、杂货、保健品和珠宝等。

11. 沃尔玛全球电商平台

沃尔玛全球电商平台是由美国零售业巨头沃尔玛公司于2009年正式推出的在线购物平台，除了美国站之外，还增设了加拿大站点和墨西哥站点，并对中国卖家开放了入驻申请。从2021年3月到2022年1月中旬，沃尔玛增加了大约8 000名来自中国的卖家，约占其同期新商家总数的14%。官方数据显示，沃尔玛每月独立访客量达到1.2亿，2021年全球全渠道电商总额达到750亿，几乎是2020年的2倍。在"大本营"美国，其电子商务销售额与2000年同期相比增长了1%，在2019—2021两年的基础上增长70%。沃尔玛加拿大站点拥有1 700万月独立访客量，2 500万在线商品总量，以及2年200%的复合年增长率。沃尔玛墨西哥站是沃尔玛平台的第3个分支平台，拥有将近2 700万月独立访客，电商销售同比增长了171%，是目前墨西哥排名第三的购物网站，吸引了大批中等收入的城市消费者。

第六章

全球主要国家跨境电商产业发展现状

一、美国跨境电商产业发展状况

美国作为全球最大的经济体，经济发展水平高，消费水平也名列前茅，是亚马逊、eBay 等众多电商平台的大本营，美国的跨境电商市场一直以来都是全球市场的重点。人口方面，2021 年美国人口数量约为 3.32 亿，仍然是世界第三人口大国。其中，互联网用户数量达到了 3.07 亿，互联网渗透率达到了惊人的 92.5%，在全球名列前茅。而随着互联网渗透率的上升，社交电商开始蓬勃发展。以 TikTok 为例，Sensor Tower 公布的数据显示，2021 年消费者在 TikTok 平台上共花费了约 23 亿美元，同比增长了约 77%。2021 年美国消费者的在线支出增加了 14.2%，达到 8 710 亿美元。平台方面，eMarketer 发布 2021 年美国十大零售电商名单，前 10 名依次是：Amazon、Walmart、eBay、Apple、Best Buy、Target、The Home Depot、Kroger、Costco Wholesale、Wayfair。

1. Amazon

Amazon 是亚马逊旗下的美国站点，也是美国最大的在线购物平台。

2. eBay

eBay 是 eBay 旗下的美国站点，也是在线拍卖及购物平台。

3. Walmart

Walmart 是沃尔玛旗下的美国站点。沃尔玛于 1962 年在美国开设第一家沃尔玛商店，总部位于美国阿肯色州，创始人为 Sam Walton（山姆·沃尔顿）。1972 年，沃尔玛在美国纽约证券交易所成功上市。1983 年，沃尔玛在 Oklahoma（俄克拉荷马州）开设第一家 Sam's Club（山姆会员商店）。2018 年，沃尔玛将前公司名 Wal-Mart Stores，Inc. 更名为 Walmart Inc.。

4. Wish

是美国的一家面向全球市场的移动购物平台。平台能根据用户喜好，通过精确的算法推荐技术，将商品信息推送给感兴趣的用户。Wish 销售的产品物美价廉，深受消费者喜爱。2013 年 Wish 成功转型为跨境电商，旗下所有 APP 除 Wish 外，还有 Mama、Home、Geek 和 Cute。经过近几年的飞速发展，已经成长为北美地区最大移动电商平台，在全球名列第六（2017 年）。

5. Tophatter

Tophatter 是美国一家专注于移动端的在线拍卖及购物的新型电商平台，以闪拍为主。Tophatter 于 2012 年在美国成立，总部位于美国，创始人为 Ashvin Kumar 和 Chris Estreich。Tophatter 的闪拍时间为 90 秒，通常 85% 以上参加拍卖的商品都能够在 90 秒内成交。目前，Tophatter 的买家市场已经拓展至美国、加拿大、墨西哥、英国、德国和法国等十多个国家和地区，主要热销品类为服装配饰、时尚饰品、美容美妆、家居用品和运动户外等。

6. Etsy

Etsy 是美国的一家面向全球市场的手工艺品平台，专注于原创手工、复古物品或 DIY 定制类产品等。

7. Wayfair

Wayfair 是美国的一家在线购物平台，也是美国最大的家居用品网站。Wayfair 于 2002 年在美国成立，总部位于美国。目前，Wayfair 平台提供超过 1 800 万种商品，涵盖家具、家居装饰、家居用品和其他等。而且业务范围已经覆盖全球多个国家和地区，并设有美国、加拿大、英国和德国等站点，以及多家线下实体店。另外，Wayfair 旗下还有 Joss&Main、Birch Lane、AllModern 和 Perigold 等家居类的品牌网站。

8. Overstock

Overstock 是美国的一家在线购物平台，也是品牌折扣销售网站。Overstock 于 1999 年在美国成立，总部位于美国。2002 年，Overstock 公司成功上市。2017 年，Overstock 开始对中国卖家招商。起初，Overstock 主要销售家居类产品，后来也拓展至全品类，其中主要分类为家具、地毯、家居装饰、床上用品、浴室、厨房、户外和服饰等产品。目前，Overstock 的业务范围已经覆盖全球 100 多个国家和地区，目标用户为中高等收入消费群体，其中以追求品质生活的女性居多。

9. Target

Target 是美国零售巨头的在线购物平台。Target 创立于 1962 年，总部位于美国。2000 年更名为 Target Corporation。2019 年，Target 开始宣布支持第三方卖家申请入驻。另外，塔吉特公司在 2019 年《财富》世界 500 强排行榜中排第 122 名。目前，Target 的业务范围已经覆盖全球多个国家和地区，并在美国拥有上千家门店。

10. Newegg

Newegg 是美国的一家在线购物平台，也是北美领先的专注于技术的线上电子零售商网站。Newegg 于 2001 年成立，总部位于美国，创始人为 Fred Chang，公司名为 Newegg Inc.。2019 年，Newegg 已经拥有超过 3 800 万的注册用户，提供超过 4 000 万种产品，其中热销品类为 IT、3C 和智能家居类，并且业务范围已覆盖全球多个国家和地区，还在加拿大设有专门的分站点 http：//www. newegg. ca 等。

二、欧洲跨境电商产业发展概况

欧洲面积占世界第六，人口数量排名世界第三，位列亚洲和非洲之后。欧洲在地理上习惯分为北欧、南欧、西欧、中欧和东欧五个地区。

第六章 全球主要国家跨境电商产业发展现状

欧洲作为发达国家的聚集地，诞生了众多优质的跨境电商平台。根据欧洲主要跨境电子商务平台的数据，亚马逊、Wish、全球速卖通、eBay、Wise 和其他跨国电子商务平台占欧洲跨境电子商务总价值的 1/3 以上。欧洲本是发达地区，其互联网普及率非常高，但近几年来依然以 2% 左右的速度稳定增长。其中北欧的互联网普及率最高，达到 94.84%，最低的东欧也达到 71.65%。整个欧洲电商市场中，西欧持续占据领导地位，包括英国、德国、法国、意大利和西班牙在内的大型市场有着先进的电商基础设施，以及完善的电子商务环境。欧洲的跨境电商平台主要包括以下几个。

1. Cdiscount

该平台在法国排名第一，是法国最大超商之一 Casino Group 集团的下属平台，类似于在线批发商城，主要经营生活用品、食品、电子产品、电器、箱包、玩具等各种商品。平台拥有 1 600 万以上的买家，平台每月独立访客数量也达到了 1 100 万。平台是最早对中国卖家敞开大门的本土平台，目前约有 3 000 个中国卖家，约占卖家总数的 1/3。

2. Bol

Bol 是比荷卢地区（比利时、荷兰、卢森堡）最大的电商平台。截至 2023 年，Bol 拥有超过 750 万的活跃用户，拥有 1.6 万个卖家，并销售超过 1 500 万种不同的产品，覆盖 20 多个品类。Bol 是荷兰领先的书籍、玩具和电子产品电商零售商，超越了亚马逊。

3. BingaBinga

BingaBinga 是面向英国以及欧洲中高端人群的购物平台。目前平台提供包括床上用品和亚麻织物、装饰物、墙面艺术、钟表、灯具、首饰品类、户外用品类以及定制类产品等多种商品。

4. La Redoute（乐都特）

La Redoute 是法国电商平台，属于 Redcats 集团旗下品牌之一，创立于 1837 年，产品涵盖女装、男装、孕妇装、童装、配饰、鞋等。2016 年 6 月 20 日，La Redoute 中文官网正式上线。它成为法国顶级时装和家居的电子商务网站，每个月有超过 920 万名独立访问者。

5. Net-a-Porter

Net-a-Porter 是英国时尚电商。2000 年，英国人娜塔莉·马斯内筹措资金创办了 Net-a-Porter，该网站为时尚奢侈品网上专卖平台，隶属于全球第二大奢侈品公司 Richemont 历峰集团旗下。包括卡地亚、伯爵、万宝龙、Lancel、登喜路等都是它同集团的兄弟。目前，主要的国际业务集中在澳大利亚、加拿大、美国、中国、芬兰、瑞典、丹麦、法国、德国、爱尔兰、意大利、荷兰、西班牙、俄罗斯等国。

6. OTTO

OTTO 是源自德国的电子商务巨头，以其卓越的解决方案和服务在全球电子商务领域占据领导地位。在全球综合 B2C 排名中，它仅次于亚马逊，位列第二。同时，它也是全球最大的在线零售商之一，专注于服装、服饰以及生活用品的销售。其在线商店拥有上百万种商品，种类繁多，包括但不限于男女服饰、家用电器、家居装饰、运动设备、电脑设备，以及电子游戏产品等。

7. Allegro

Allegro 是波兰最大的电商平台，成立于 1999 年。Allegro 成立之初是一个拍卖型网站，随着平台的不断发展，用户数量增加，最终成为在欧洲市场上为数不多的与 eBay 和 Amazon 匹敌的平台之一。

8. Zalando

Zalando 是一家由 Rocket Internet 于 2008 年在柏林成立的德国电商平台，主要销售鞋、时尚服装等。2012 年，Zalando 的在线零售业务扩展到 15 个欧洲国家，如德国、奥地利、法国、意大利、西班牙、英国等。

9. ePRICE

ePRICE 是意大利电商平台,创建于 2000 年,在意大利电商平台中排名前三。截至 2021 年,ePRICE 平台平均拥有 300 万注册用户,1 500 万活跃商家,每个月约有 500 万的独立访客,2 500 万的月访问量,在意大利有 134 个提货点、296 个储货间、150 多万订阅者、200 多万活跃用户。

三、中东跨境电商市场发展概况

中东地区拥有超过 4 亿的人口,其中年轻人占比较高,且数字化程度较高,这为跨境电商提供了广阔的市场。另外,中东地区的消费者对高品质的产品和服务有很高的要求,对国外的品牌和商品也表现出很大的兴趣和接受度。中东的跨境电商平台主要包括以下几个。

1. Noon

Noon 成立于 2016 年 11 月,属于 B2C 平台,是"阿拉伯地区首个电子商务平台"。Noon 提供的产品横跨多个领域,包括电子产品、时尚、美容、家居、厨房和生活用品等。

2. Mumzworld

Mumzworld 是中东一家主要面向新生儿到 12 岁的孩子,并为其提供婴儿和儿童产品的网上零售平台。Mumzworld 平台上的产品超过 20 万种,其中 2 万种是独家产品。网站上销售的产品包括迪士尼、乐高、智高、Mattel 公司和超过 250 个品牌产品。70% 的产品是由地方供应商和制造商提供,30% 产品是 Mumzworld 独家提供。

3. Cobone

Cobone 成立于 2010 年 8 月,是中东领先的团购网站,中东地区最大的每日交易公司,是中东地区用户增长最快的网站之一,2013 年,Cobone

被国际投资公司 Tiger Global Management 收购。Cobone 可支持信用卡、支付钱包、一卡通和货到付款等多种支付模式。

4. Namshi

Namshi 成立于 2011 年，是阿拉伯国家时尚购物网站，为了与 Souq 进行差异化经营，Namshi 将自己定位为"时尚电商"。在创立之初完全模仿美国 B2C 网站 Zappos，平台与 Zappos 类似，并且专注于知名品牌，Namshi 也因此奠定了中高端用户群体。2017 年 5 月，穆罕默德阿拉巴尔旗下的 Emaar Malls 宣布以 1.5 亿美元收购了 Namshi 51% 的股权，Namshi 成为阿拉巴尔旗下的电商联盟之一。

5. MEIG

MEIG 成立于 2013 年，属于 B2C 平台，是中东地区领先的电子商务企业，MEIG 旗下电商平台包括 Wadi、Vaniday、Easytaxi、Helpling、Lamudi 以及 Carmudi 等。Wadi.com 是一个在线市场，主营产品包括消费电子类产品、数码配件、家用电器、个人护理用品、男女服饰、男女配饰、美容产品、母婴用品、厨房用品、电子游戏、玩具、手表、家居用品、文具和汽车等等。

四、非洲跨境电商发展概况

非洲的面积大约为 3 020 万平方公里，约占全球总陆地面积的 20.4%，是世界第二大洲，同时也是人口第二大洲。麦肯锡全球研究院的预测表明，到 2025 年，电子商务在非洲等主要市场零售总额中，占比将达到 10%，也就是 3 000 亿美元。非洲人口数量众多，且对外需求旺盛，这使得非洲成为跨境电商潜力巨大的蓝海市场之一。非洲主要有以下十大跨境出口电商平台。

1. Jumia

Jumia 平台是非洲的龙头企业，拥有多个线上垂直运营平台，业务覆盖非洲 14 个国家，主要涵盖外卖服务、食品、旅游业务、航空服务和各类广告业务等。平台拥有自己的支付系统 Jumia Pay 和完善的物流体系。Jumia 还设立了尼日利亚、巴基斯坦、摩洛哥、埃及、肯尼亚和科特迪瓦等站点。

2. Kilimall

Kilimall 成立于 2014 年 7 月，是由原华为员工在肯尼亚成立的一家大型电商平台，在尼日利亚和乌干达也开设了站点。客户群体是小型 B 端批发卖家和 C 端消费者，当地卖家和中国卖家均可入驻。Kilimall 致力于在非洲本土运营，是一个集多国订单、交易、支付、配送等功能于一体的一站式国际线上交易服务平台。

3. Konga

Konga 是一家成立于 2012 年 7 月的尼日利亚电子商务公司，总部位于拉各斯州的 Gbagada。Konga 提供第三方在线市场，以及跨越各种类别的第一方直接零售，包括消费电子产品、时装、家用电器、书籍、儿童用品、医疗保健和个人护理产品。

4. MallforAfrica

MallforAfrica 于 2011 年成立于尼日利亚，主要销售时尚鞋服、品牌手表等欧美国家产品。其中包括不乏 Net-A-Porter、阿玛尼、Topman 等国际品牌。Mall for Africa 平台向非洲消费者提供了直接从国际线上零售商购买商品的机会，使得其用户可以直接接触数百家美国和英国的电子商务零售商，以及超过 85 亿件的产品组合。

5. Zando

Zando 创立于 2012 年，是南非最大的在线时尚购物平台，销售品牌数超过 550 个，涵盖了服装、鞋类、家居用品和美容产品等多个品类。Zando 在南非地区提供免费送货服务，物流实效快，5—7 个工作日即可完成商品运输和投递。Zando 平台的服饰和鞋靴关注度较高，深受消费者欢迎。

6. Takealot

南非电商 Takealot 成立于 2011 年,是南非网络零售商 Take2 被对冲基金游戏巨头 Tiger Global 收购之后更名后的名称。之后,Takealot 发展成为南非市场的电商巨头。takealot.com 是南非领先的在线零售商。该平台主要销售书籍、电子产品、园艺用品、母婴等产品。2014 年,Takealot 宣布与 Naspers 公司的 kalahari.com 合并。

7. BidorBuy

BidorBuy 成立于 1999 年,2000 年正式上线。BidorBuy 被中国电商卖家誉为"南非淘宝"。主要以拍卖形式进行的收藏品交易,是 BidorBuy 建立的基础,特别是南非的硬币、邮票、古董等非常受欢迎。目前 BidorBuy 已经涵盖多个品类。

8. Kaymu

Kaymu 是非洲互联网控股公司在德国 Samwer 兄弟以及火箭互联网(Rocket Internet)支持下所推出的电商平台。2013 年 1 月在尼日利亚和巴基斯坦推出后,2 年多后,扩展到 32 个国家。Kaymu 目前已在非洲近 20 个国家开展业务,包括阿尔及利亚、安哥拉、喀麦隆、埃塞俄比亚、加蓬、加纳、肯尼亚、摩洛哥、莫桑比克、尼日利亚、赞比亚等,同时,业务还覆盖了亚洲和中东等国家和地区。

9. Checki

Checki 平台主要专注于汽车营销,通过提供广告服务,为用户提供各类与汽车有关的信息,包括轿车、四驱车、货车、卡车等,在尼日利亚、加纳、坦桑尼亚和乌干达等设立站点。

10. Kikuu

Kikuu(中文名"集酷")成立于 2015 年,是一家免费的中非外贸平台，同时也是非洲领先的跨境电商平台。主要为中国卖家开拓面向非洲的 B2B 和 B2C 业务，现已在加纳、南非、乌干达、坦桑尼亚、喀麦隆、卢旺达、刚果（金）、刚果（布）、尼日利亚、科特迪瓦、塞内加尔、埃塞俄比亚、加蓬等多个国家建有物流配送中心。

Kikuu 平台拥有超过 2 000 万的注册用户，Kikuu 支持多种支付方式，包括信用卡、借记卡、PayPal 以及非洲本地的支付方式（如 M‑Pesa）等，满足了不同用户的需求。

五、东盟跨境电商产业发展概况

在 2019 年，东盟十国已成为全球第五大经济体，经济增长迅速，人口众多，已受到世界瞩目。2022 年东盟十国 GDP 总值达 3.6 万亿美元。德国 GDP 约为 4.08 万亿美元，位列全球第四；英国 GDP 约为 3.08 万亿美元，位列全球第六。东盟仅次于美国、中国、日本和德国。东盟国家合计人口约 6.717 亿，仅次于中国和印度，市场地位十分重要，"新兴经济体、制造业出口、人口红利"已经成为东盟十国的热门代名词。东南亚的人口红利大，电商行业发展逐渐成熟，消费力年轻化，这些都是开辟东南亚电商市场的理由；东盟已成为中国最大的贸易伙伴，跟随"一带一路"的步伐，大量企业涌入了东南亚，超过了日本、韩国和俄罗斯。东南亚地区目前已经有超过 2 亿的"00"后和新"10"后，在未来几年之内，这两类消费人群的年龄将在 20—30 岁之间，其可支配收入也有望增长，从而构成相对较大的购物群体。在东南亚市场中，除了传统的老牌 B2C 平台外，近年来 Shopee 和 Lazada 这两个面向东南亚市场的平台，成为中国跨境电商企业走出去的重要选择。移动电商在东南亚势不可挡，移动端是它的主打，无线流量端占比大，Shopee 移动端的占比更是超过 90%。

1. 泰国跨境电商发展概况

泰国位于东南亚中心区域，与缅甸、柬埔寨、老挝、马来西亚等接壤。泰国总人口约 7 000 万，是仅次于印度尼西亚的东盟第二大经济体。2021 年，泰国 GDP 为 5 020 亿美元，人均 GDP 为 7 171 美元，且互联网渗透率达79%,是东南亚互联网普及率最高的国家之一。泰国是全球第22大电子商务市场。2021年,泰国电子商务市场规模为100亿美元,增长28%,贡献了全球29%的增长率,并预计到2025年将增长到123亿美元。Facebook、YouTube、LINE、Instagram和TikTok是泰国主流的社交平台。泰国是东南亚最大的社交电商市场。泰国电商市场各销售渠道中,社交电商更受欢迎,占比达40%;电子零售商占比25%,Lazada和Shopee占据泰国电商的主导地位。网购产品主要集中在电子产品、时尚美妆、家居家具等方面。泰国网购者的首选筛选条件是低价。此外,质量和服务是泰国消费者主要看重的购买因素,且他们更愿意为自己喜欢的品牌支付更高的价格,泰国消费者是东南亚最具品牌意识和品牌忠诚度的消费者。

2. 马来西亚跨境电商发展概况

马来西亚人口总数约3 200万,官方宗教为伊斯兰教,全国由13个州和3个联邦地区组成。马来西亚是东南亚第三大经济体,2023年人均GDP达1.3万美元。据《2021年东南亚数字经济报告》显示,2021年马来西亚的互联网普及率为89.6%,在东南亚国家中排名第二。Facebook是最受欢迎的平台,WhatsApp、微信、Instagram和Twitter也很受欢迎。马来西亚电商市场龙头企业为Shopee和Lazada,包揽了App Store和Olay Store的前两名,占据了近86%的网站流量。马来西亚有超过2 600万人使用互联网,据预测,马来西亚电商市场规模到2025年将达180亿美元。约95%的马来西亚当地居民将价格和促销活动视为网购的主要原因。马来西亚有三大年度全国性购物盛会——马来西亚超级促销(3月1日至31日)、马来西亚超级促销嘉年华(6月15日至8月31日)和马来西亚年终促销(11月1日至12月31日)。11月11日的国际折扣购物活动光棍节也越来越受欢迎;主要的在线购物类别包括旅游(占电子商务总价值的39%)、消费电子产品(17.3%),以及家具和家居用品(13%)。

3. 印度尼西亚跨境电商发展概况

印度尼西亚共有3个地方特区和31个省。总人口约为2.76亿,是世界第四人口大国。2022年GDP接近1.32万亿美元,人均升至4 783.9美元。根据2022年公布的电商数据报告显示，印度尼西亚以809.5亿美元的电商销售额，位列全球第十，是东南亚第一大电商市场。印度尼西亚的互联网渗透率已经从2015年的42.65%，增长到了2020年的72.81%，预计到2025年，印度尼西亚互联网渗透率将达到89.3%，发展迅速。2020年，印度尼西亚网购人数已经超过1.3亿，大部分印度尼西亚消费者选择在移动设备完成线上交易。生活用品、服装、美容产品以及个护类产品是消费者中最受欢迎的品类。印度尼西亚的主要跨境平台包括：Tokopedia是印度尼西亚规模最大的C2C电商平台，拥有庞大的用户群体和丰富的商品种类。该平台为个人卖家和小型企业提供便捷的销售渠道，涵盖了从日常消费品到特色手工艺品等各类商品。Shopee在印度尼西亚市场表现强劲，为消费者提供了广泛的商品选择、便捷的购物体验和高效的物流配送服务，其特色包括丰富的促销活动、多样化的支付方式以及用户友好的界面设计。Bukalapak是印度尼西亚的重要在线购物平台之一，它为消费者提供了包括电子产品、家居用品、时尚服饰等在内的多种商品，同时也为中小微企业提供了广阔的销售平台，助力本土经济发展。Lazada是阿里巴巴旗下专注于服务印度尼西亚市场的综合性购物平台，它整合了全球优质商品资源，同时也积极扶持本土品牌和商家，在物流配送、客户服务等方面具有较高的水平，为消费者带来便捷、高效的购物体验。Blibli专注于销售本土品牌，其产品范围广泛，主要包括家居装饰品、传统服装、具有不同岛屿风味的特色料理、本国旅游产品以及艺术表演和体育赛事的门票等。该平台致力于推广印度尼西亚本土文化和特色产品，为消费者提供独特的购物选择。

4. 新加坡跨境电商发展概况

截至2022年，新加坡总人口约560万，2022年GDP超过4 600亿美元，人均GDP突破8万美元。2021年，新加坡电商市场规模为59亿美元，预计到2025年将达到107亿美元。新加坡跨境电商市场热销的产品主要涵盖旅游、服饰、美容、电子设备以及图书等，各类跨境电商的网站所占的比例高达55%，而且移动设备购物非常普遍。新加坡主要购买力人群为18—29岁的消费者，占比46%，其次是35—44岁的人群，占比22%。新加坡的主流跨境电商平台包括：①Carousell平台，在新加坡的地位相当于 eBay 在美国的地位。②Reebonz 平台，该平台专注于奢侈品销售，比如名牌包、鞋子和珠宝等。③Qoo10 平台，该平台是一个 B2C 电子商务平台，销售从键盘到宠物产品的各种产品，Qoo10 是新加坡最受欢迎的电子商务网站之一。④eBay 平台。⑤Zalora 平台。⑥Luxola 平台，该平台是美容电子商务网站。

5. 越南跨境电商发展概况

越南 2022 年 GDP 约为 4 090 亿美元，2023 年越南人口突破 1 亿大关，达到 1.003 亿，人口总数位列世界第 15 名，东南亚排行第 3 名，年轻人口占 60%。从数据来看，2017 年越南线上消费者只占总消费人数的 28% 左右，到 2020 年，线上消费者人数已接近总人数的一半，预计到 2025 年，越南 1 亿左右的人口中，将有超过 70% 的消费者会进行线上消费。2020 年，越南电商交易总额为 118 亿美元，同比增长 18%，是东南亚电商交易额呈两位数增长的唯一国家，冠绝整个亚洲，位居世界前列。电子产品、时装、玩具和家具产品是越南电商行业中销量增长最快的品类。越南主流跨境电商平台包括 Shopee VN（虾皮越南站）、Tiki、Lazada 等，这些是越南最受欢迎的三大电商平台。Tiki 是一家纯本土的电商平台，在越南消费者心目中拥有良好口碑，在所有电商平台中退货率最低，客户满意度最高。

六、南美跨境电商发展概况

近年来南美电商市场发展迅速，一直保持两位数以上增长趋势，从网购市场规模看，南美人均国内生产总值比中国高约 1.8 倍，消费者大多很年轻，且消费能力较强，对"质优价廉"的中国制造产品需求巨大。根据相关数据显示，南美地区 6.2 亿的人口红利以及 55% 的网络覆盖率也为跨境电商的发展提供了巨大的消费基础。2020 年拉丁美洲的跨境电商市场开始爆发，零售增长速度位列世界第一，其电子商务销售额增长了 19.4%，达到 836.3 亿美元。据 eMarketer 数据，在 2020 年全球零售电商销售额增长率排名中，位列前五大电商零售增速最快的国家分别是俄罗斯、阿根廷、印度、巴西、墨西哥。南美地区历来是世界上经济最多元化的地区之一，其中电子商务正以每年25%—30%的速度增长，无论是零售商品、旅游业抑或是虚拟数字产品业，都是跨境电商中的热门品类。南美最大的电商平台MecardoLibre被称为是"南美洲的阿里巴巴"，其线上平台、线上支付、线下物流、线下零售等都在效仿阿里巴巴的模式。

1. 巴西的跨境电商发展概况

巴西位于拉丁美洲东部，首都为巴西利亚，是拉丁美洲国土面积最大的国家，位居世界第五；巴西是全球人口排名前十的国家之一。巴西作为老牌强劲的发达国家之一，2021年GDP以1.609万亿美元排全球第13位，位居拉丁美洲第一位。巴西人口约2.1亿（2020年），是南美地区人口最多的国家；巴西高度城市化，城市人口占总人口数的87%；并且巴西的年龄中位数为32.6岁，比欧洲四大经济体（英法德意，年龄中位数平均40岁）和中国（37.4岁）要年轻不少。目前，该国的年轻人口主要在电商平台购买电子产品，占电子商务总价值的42.1%。与欧洲市场相反的是，在传统电子商务销售强劲的服装、健康和美容行业尚未成为巴西的关键型类目，这些类别的销售额分别占总电商市场的4.3%和3.4%。2021年巴西人均GDP达到7541美元，大约是印度尼西亚的2倍；其中巴西电商销售额为238亿美元。2021年，巴西的跨境电商销售额增长迅速，销售收入同比增长了60%，达到77亿美元。Shopee成为当地最受欢迎的跨境平台，消费者数量增长迅速。我国的SHEIN希音平台的业务也发展迅速，2020年，消费者比例迅速增长至21%。在巴西市场，相比于欧美传统跨境电商平台，来自亚洲的跨境电商平台正在快速赢得当地消费者的喜爱，其中最主要的原因包括物美价廉、物流实效快、社媒宣传以及品类多样等。

在巴西，Mercado Livre是一个极具影响力的在线市场和拍卖网站，在当地电商领域占据重要地位。然而，目前很难确定它就是绝对访问量最大的网站。同时，Cnova和B2W在拉丁美洲市场也有一定的知名度和市场份额，它们在电商及相关领域发挥着重要作用。但仅简单地将它们列为巴西访问量第二和第三的网站暂且缺乏足够的数据支撑。在拉丁美洲的电商市场中，Mercado Livre、Cnova和B2W都是广为人知的品牌，它们通过不断创新和拓展业务，为消费者提供丰富的商品选择和优质的购物体验，在推动地区经济发展和数字化进程方面发挥了积极作用。巴西消费者的消费偏好，非常看重产品的性价比，尤其喜欢购买大牌且低于市场价的产品，所以对于有优质供应链的跨境卖家来说优势明显。目前家居用品、电子产品和时尚美妆是巴西电商市场的主流产品，个护、母婴玩具是增速快的品类，宠物用品也越来越受到消费者的关注。物流和清关是跨境卖家进入巴西电商市场的主要门槛。尤其是对于一些高货值的产品，高关税是主要壁垒，盈利空间会受到压缩；另外，巴西要求跨境电商产品都必须进行相应的产品认证。巴西海关对清关要求严格，流程繁琐，清关时效通常在 7 天左右。

巴西的主要跨境电商平台包括以下平台。

（1）Mercado Livre。它是巴西电子商务的领导者，由阿根廷电子商务和电子支付公司 Mercado Libre 开发。产品类目包括电子产品、家用电器、汽车和配件、时尚、玩具、家具和财产等，Mercado Libre 在拉丁美洲的多个国家都有销售，拥有 1.7 亿多客户。

（2）Americanas.com。Americanas.com 是零售连锁店 Lojas Americanas 的在线门户网站。主要销售电子产品、家用电器、家具、美容产品和玩具等。

（3）亚马逊巴西站。

（4）Magazine Luiza。Magazine Luiza 是巴西最大的零售公司之一，拥有 800 多家百货商店。该公司成立于 1957 年，产品包括消费电子产品、家具、家用电器、电视、媒体设备和电脑等。

（5）Casas Bahia。Casas Bahia 是一家专营家具和家用电器的零售连锁店。Casas Bahia 成立于 1952 年，在巴西经营着 700 多家商店，并在线销售。Casas Bahia 主要销售家具和家用电器，还为消费者和企业提供消费电子产品和计算机以及一系列服务等。

（6）Submarino。Submarino 成立于 1999 年，是巴西电子商务的先驱之一。它销售各种产品，包括消费电子产品、书籍、服装和配饰、美容产品和饮料等。

（7）Netshoes。Netshoes 是一家专业的体育用品电子商务商店，成立于 2000 年，主要销售各种鞋类、服装和配饰等。

（8）Extra.com.br。Extra.com.br 专注于销售电子产品、家用设备和

电器等产品。

(9) Dafiti。Dafiti 是一家专业的时装和鞋类电子商务平台。Dafiti 成立于 2011 年，其业务范围覆盖了从鞋类到男女时装、运动和家居产品等。

(10) Shoptime。Shoptime 成立于 1995 年，已被 B2W Digital 集团收购。

2. 墨西哥的跨境电商发展概况

墨西哥具有独特的经济区位优势，与美国为邻，更是连接南北美洲的枢纽，其当地的消费习惯与美国相差无几。据 Datareportal 统计，截至 2021 年 1 月，墨西哥有 9 201 万互联网用户，对比 2020 年增加了 350 万，互联网普及率为 71.0%，另外，墨西哥有 1 亿社交媒体用户，相当于总人口的 77.2%，平均每个网民拥有 10.2 个社交媒体账户，平均每天 3 小时 27 分的时间在社交媒体上。从消费人群分析，热衷于线上购物的消费者大部分是 18—34 岁的年轻人。墨西哥主要进口国是美国，其次是中国。2022 年大约 70% 的用户每月至少在线支付或购买过一次商品或服务，其中 78% 的用户在国际电商平台购物。Statista 预测，到 2025 年，墨西哥电商用户渗透率将达 57.6%，相当于网购用户量将增长到 7 790 万。2021 年，墨西哥电商市场交易额超过 210 亿美元，同比增长 27%，连续 3 年上榜"全球电子商务增长最快的前五大国家"。eMarketer《2022 年全球电子商务预测报告》显示，在 2022 年电商市场增长最快的前 10 个国家里，墨西哥以 18% 的增长率排在第 9 位，市场规模更是达到 457 亿美元。消费偏好方面，墨西哥人偏向于购买品牌产品，更喜欢个性化定制服务。Kantar 的报告，72% 的墨西哥人更愿意直接购买品牌或制造商的产品，如果品牌或制造商允许他们定制产品，78% 的墨西哥人更愿意这样做。另外一方面，墨西哥人开始注重网购的便利性和体验，免费送货成为消费者考虑的重要因素。根据 2021 年的墨西哥消费者调查数据显示，关于人们购买的动机，35% 的人认为随时随地享受购物的便利性，27% 的人表示可以找到折扣和优惠，23% 的人表示互联网可以给他们提供各种各样的产品。EBANX 发布的《2020/2021 年超越国界》研究报告显示，按流量排名，Mercado Libre、亚马逊、Coppel 为墨西哥前三大电商平台。Mercado Libre 在亚马逊的强势围攻下，仍然坐拥 13 亿的流量，约为亚马逊的 2 倍。但亚马逊的增速惊人，年增长率达到51%，在十大平台中增速排名第二。增速最高的是沃尔玛旗下的连锁超市Bodega Aurrera，年增长率为233%；沃尔玛则以2.87亿的流量排名第四，eBay排名第七。来自中国的速卖通凭借7 910万的流量排名第九。在墨西哥，电商购物的支付方式以银行卡和现金为主。EBANX发布的《2020/2021年超越国界》研究报告，墨西哥的电子商务支付以银行卡为主，占比71%；使用现金的有14%，排名第二；使用数字钱包的有12%。但在新冠疫情的推动下，数字化发展大幅加速，预计数字支付将继续增长。跨国经营的FedEx、UPS、DHL等外国公司，和Estafeta等本地公司，已经在墨西哥国内有比较成熟的物流配送体系。

3. 阿根廷的跨境电商发展概况

阿根廷作为拉美第3大经济体，拥有2 780 400平方公里的国土面积，据World ometers网站统计的数据，2023年阿根廷人口为4 665.46万人。阿根廷是拉美第3大、世界第29大电子商务市场，2021年的收入为70亿美元，预计2025年将达到198.1亿美元。根据阿根廷电子商务商会（CACE）报告，90%的阿根廷互联网用户都有在线购物的经验，预计2025年用户数量将达到2 920万。阿根廷人口以城市为主，92.1%的阿根廷人居住在城市，其中最大的10个大都市区的人口几乎占据了总人口的一半，大部分阿根廷电子商务买家居住在人口稠密的布宜诺斯艾利斯自治市。阿根廷主要网购者年龄在25—34岁之间，女性占比50.6%，男性占比49.4%。

中国与阿根廷跨境电商合作存在诸多政策利好。早在2018年6月，中阿就签署了《关于电子商务合作的谅解备忘录》，明确双方要建立电子商务合作机制，加强政策沟通和协调，促进地方和企业对接，通过电子商务促进优质特色产品贸易，共同加强"丝路电商"合作，推动双边贸易持续稳定发展和共同繁荣。随着双边合作推进，两国已在跨境电商合作方面形成良好基础。2022年2月，阿根廷正式加入"一带一路"，进一步推动和释放了中阿跨境电商合作领域。一方面，阿根廷在国家层面上对电商发展高度重视。阿根廷政府已依托邮政服务自建物流系统，出台网络支付管理办法和传统产业数字化转型策略，同时，还联合企业定期组织研讨会，分享数字化转型成功经验。另一方面，阿根廷电商市场空间较大。据国际数据分析公司 Statista 统计显示，阿根廷电商市场正以每年 20% 的速度增长，2021 年总规模为 68 亿美元，预计 2024 年将达到 100 亿美元。从跨境电商发展趋势来看，阿根廷社交电商普及率上升值得关注。国际调研机构 Data Reportal 最新数据显示，截至 2022 年 1 月，阿根廷社交媒体用户达 3 599 万，占总人口的 86.3%。其中 YouTube 用户数量最多，为 3 170 万，女性占 51.8%，男性占 48.2%。

从消费者分布及网购偏好来看，阿根廷消费者年龄段以 25—34 岁为主，女性消费者占 50.6%，男性占 49.4%。网购产品中，电子产品持续保持较高占比，其他较多的为快时尚品、家具、电器、玩具、食品和个护产品等。值得注意的是，中国商品颇受阿根廷消费者青睐，部分阿根廷论坛上常出现"如何在中国网站购物"的帖文，《号角报》等当地媒体报道也指出，中国网购商品具有价格低廉、免运费、支付方式多元化等优势，吸引了大批阿根廷消费者。从电商平台发展来看，阿根廷跨境电商交易平台数量逐渐增多，除政府推出的"邮政购物"平台外，巴西 B2W Marketplace、东南亚电商巨头 Shopee 等也先后入驻阿根廷市场。此外，根据人民日报海外网全球舆情监测分析系统数据，2022 年以来，阿根廷社交媒体讨论中，电商平台美客多、Avenida、B2W Marketplace 出现频次相对较高。据 Ecommerce DB 调查，按 2021 年电子商务净销售额计算，阿根廷电子商务市场排名前三的在线商店分别是家乐福，年收入为 2.86 亿美元；阿迪达斯，年收入为 2.5 亿美元；沃尔玛，年收入为 1.93 亿美元。这排名前三的商店 2021 年销售额占阿根廷在线收入的 10%。在各大社交媒体中，YouTube 的用户数量最多。谷歌广告资源的更新表明，2022 年初，YouTube 在阿根廷拥有 3 170 万用户，即 YouTube 的广告覆盖面相当于年初阿根廷总人口的 69.2%，其中有 51.8% 是女性，48.2% 是男性。

4. 智利的跨境电商发展概况

据 World ometers 网站统计数据，截至 2023 年，智利人口为 1 962.96 万人，互联网普及率为 82%。智利是一个常被国内跨境商家忽略、但其实潜力巨大的市场。智利是拉美第五大经济体，2020 年电商市场规模已超 53 亿美元，但占零售业总额 3.7%，电商产业增长潜力巨大。人均国民收入超 15 000 美元，高客单价商品在智利非常有潜力。目前智利人均 GDP 在拉美地区排名第一，当地消费者拥有极强的购买力。在智利，各种平板和笔记本电脑配件以及存储设备、手机、手机配件、运动耳机等等都是热销品类。同时，智利也是拉丁美洲电信网络最发达的国家之一，互联网渗透率已高达 82%。智能手机的高普及率，使得智利电商市场发展迅猛。目前智利较受欢迎的跨境电商平台有速卖通、亚马逊、Wish、SHEIN、eBay、Shopee 以及一些其他平台。其中，2023 年第一季度，速卖通占据了智利跨境电商平台交易 42% 的份额，持续位居第一；SHEIN 的市场份额为 16%，成为智利第二大跨境电商平台；亚马逊市场份额为 14%，为智利第三大跨境电商平台；美客多是智利市场访问量最高的电商网站，拥有 1 400 万注册用户。Falabella 是拉美最大的零售商，总部位于智利。Yapo 是一家分类网站公司，于 2011 年推出，在高价值汽车和房地产垂直领域提供分类服务。Easy 总部位于智利佛罗里达州，于 1993 年成立。Shopee 2019 年进军拉美，并快速成长为拉美市场的电商平台领跑者。Temu 是一家全球领先的电子商务平台，2023 年 8 月宣布上线智利站点。Wish 成立于 2010 年，该平台以低价商品和直邮方式著称，吸引了大量消费者。

从产品类别来看，6 月份到 8 月份是智利的冬季，室内运动、冬季运动品类增长迅速，热门品类包括网球拍、羽毛球拍，以及滑雪相关商品。各种平板和笔记本电脑配件，以及存储设备、手机、手机配件、运动耳机等也是热销产品。12 月份到次年 2 月份是智利的夏季，随着夏季来临，户外产品需求激增，各种骑行配件、头盔、骑行手套、骑行车垫、LED 自行车灯、鱼饵鱼钩等都是热销品，还有户外手电筒、雨衣、急救包、户外储能电源等等。智利市场，母婴用品类也有较强的市场需求，如各种婴幼儿玩具，婴儿辅食器、奶瓶、勺子、围兜、儿童 U 型牙刷、儿童浴帽、安全锁、防撞条等等实用性强且性价比高的口腔护理和儿童安全用品，市场潜力巨大。

七、韩国跨境电商发展概况

韩国电子商务市场在 2020 年排名位居全球第五，销售额为 1 041 亿美元,在亚太地区仅次于中国和日本,预计到2025年韩国电商市场的年收入将达到2 422亿美元。2021年,韩国电商成交金额首次突破150万亿韩元,预计未来几年的复合年增长率为12%。目前韩国是全球增速最快和电商渗透率最高的国家之一。韩国网民数量占比多,生活节奏快,民众对电商的参与度高,韩国人的网购比例高达84%。从年龄上看,韩国的网购消费主力是20—39岁的年轻人。受疫情经济的影响,中老年人的网购使用率也大幅提升,40—60岁人群的网购使用率已经达到了59.3%,同比增长了14%。对于热销品,韩国最大的细分市场是时尚类,其次是电子产品、健康美容个护、家具、玩具、食物、饮料和媒体等。韩国的电商发展较早,1996年就有了B2C模式的interpark上线,韩国网上购物正式萌芽;1998年,韩国政府鼓励公司和个人网上创业,韩国电子商务迎来热潮;2000年是韩国网上购物发展的爆发年,先是Gmarket从interpark独立出来,接着Gmarket、Auction和11benga三分天下;自2004年起,C2C企业Gmarket和Auction等的活跃发展,为C2C反超B2C模式打下了基础。美国综合电商企业eBay于2004年、2009年分别收购了韩国电商平台Auction和Gmarket,占据了韩国C2C 80%以上的市场份额。目前,韩国主流的购物平台多为开放的C2C平台,如:Gmarket、11street、Auction等。此外,还有众多的综合性B2C网上购物中心,如:Lotte.com、GSshop、new world shopping mall、CJmall等;社会化电子商务平台,如:WMF、TMON、G9、CJshopping;购物搜索门户,如:NAVER Knowledge Shopping等。在发展跨境电商方面,韩国政府积极参与多边组织(如:OECD、APEC、ASEM)关于电子商务产业的讨论,并加强与电子商务较发达国家(如美国、中国、英国、德国、新加坡、马来西亚等)开展合作。韩政府还推出亚洲网络市场(eAMP)计划。该计划是利用电子商务基础设施和成熟的商业模式,连接海外业务,建立全球商业网络,使韩国成为亚洲国家跨境贸易的网络中心。

目前,在韩国排名首位的中国电商平台是阿里速卖通AliExpress,其是阿里巴巴的海外零售电商平台;排名第二的是Temu,其是拼多多旗下的跨境电商平台。两家企业2023年在韩国增长迅速。2023年12月,阿里速卖通AliExpress和Temu应用程序的月活跃用户(MAU)分别为560万人和360万人,在韩国主要购物应用程序中,位居第三位和第五位。如果将两个程序的 MAU 数值相加，已超过了排名第二位的"11 号街"（804万人）。韩国 2023 年海外直购交易额达到 6.756 7 万亿韩元，比 2022 年增长 26.9%，这也是 2014 年有相关统计以来，该数值首次突破 6 万亿韩元关口。2023 年，韩国源自中国跨境电商的进口额同比激增 121.2%。中国首次超过美国，成为韩国最大的跨境电商进口来源国。

八、日本跨境电商发展概况

据日本总务省 2024 年 7 月 24 日公布的人口动态调查结果，截至 2024 年 1 月 1 日，包括外国人在内的日本总人口为 1.248 85 亿人，日本人口相当于英国与德国加起来的人口总和，相当于美国的 1/4。互联网普及率高达 94%，人均网购消费金额为 1 164 美元，相当于中国人均消费的 2 倍，并且超过了美国人均网购消费的 1 156 美元。日本最大的国内电子商务平台"乐天市场"的销售额中有 65% 来自于移动端，其他主要电商平台如 Yahoo、千趣会等来自移动端的销售份额均为 50% 左右。日本最大的电商平台是"Amazon Japan"，自 2000 年进入日本市场以来，一直是日本在线零售市场的领导者。截至 2021 年，其市场份额占据第一，达到了 40%。2022 年，日本已成为亚马逊除北美以外的第二大站点。其电子商务起步虽晚，但发展迅速，市场规模居世界第四。日本拥有成熟电子商务市场的所有特征：互联网和宽带用户普及率高，在线购物者比例高，人均在线支出高。在购买跨境商品时，日本消费者更加注重商品品质和品牌声誉，同时也比较看重售后服务和物流速度。因此，一些知名品牌和高端商品在日本跨境电商市场上表现较好。

日本主要的跨境电商平台包括如下。

1. Rakuten. co. jp

乐天是日本最大的电商平台，成立于 1997 年，隶属于日本的乐天株式会社。乐天产品类目丰富，拥有众多的忠实用户。乐天市场支持简体和繁体中文，也可以使用人民币、支付宝和 PayPal 支付，一般会用国际邮政快递 EMS 发货。

2. Amazon.co.jp

日本亚马逊有 11 个 FBA 仓库和 2 个客服中心。亚马逊强大的体系和完善的类目,赢得了日本市场,荣登日本店铺平台排名榜前列。日本客户普遍要求比较高,追求极致的完美,所以强大的物流服务和服务团队对于买家来说至关重要。

3. Kakaku.com

Kakaku 是日本较大的比价网站。Kakaku 从 2003 年上市至今,月使用人数超过 680 万人,月页面浏览量(PV 值)高达 3.5 亿。Kakaku 主要是针对电脑和配件、家电等电子产品提供比价服务,并提供商家信息。Kakaku 的主要使用者为男性,女性的使用频率也非常高。

4. Dmm.com

DMM 是一个日本的电商独立站,隶属于 DMM.COM 株式会社,即 Digital Media Mart,现已经更名为 DMM。DMM 的品类包括电子书籍、动画、出租 VD/CD 等等。DMM 的用户访问量为 130 万/天,平均停留时间为 3 分 33 秒,跳出率 42.03%。

5. Shopping.yahoo.jp

雅虎日本购物网站是雅虎日本旗下的一个购物网站,自建成以来,只允许日本的本土商家入驻,据观察,此网站每天的用户访问量可以达到 64 万,跳出率约 40%。

6. Amazon.com

日本民众非常喜欢海淘一些国外的东西,比如法国的护肤品类、国外的快时尚产品,所以 Amazon.com 也是日本民众非常喜爱的一个网站。

7. Zozo.jp

Zozo 是一个日本的潮流服饰购物网站,很多日本人喜欢在 Zozo 浏览并下单。

8. Yodobashi.com

YodobashiCamera 是一个历史悠久的大型连锁购物中心，随着网络的兴起，也开展了网上购物的业务。Yodobashi 主要销售生活家电、游戏电器和 3C（计算机类、通信类和消费类电子产品的统称）产品。

9. eBay.com

eBay 网站品类丰富，也受到日本消费者的喜爱，吸引不少消费者在网上下单。

九、澳大利亚跨境电商发展概况

截止到 2022 年，澳大利亚人口约 2 600 万，网民人数占比为 90％以上，智能手机覆盖率居世界前列，达到 78％；超过 80％的消费者从跨境电商购买过物品，远远超过了全球平均的 51.2％。据澳大利亚邮政（Australia Post）最新发布的《2022 年电商行业报告》显示，2021 年，超过 80％的澳大利亚家庭进行了网购，网购率相较于 2020 年实现大幅增长，达到 12.3％。疫情撬动了澳大利亚农村地区的人口加入网购大军，2021 年澳大利亚人网购消费达到了创纪录的 623 亿澳元，占零售总额的 19.3％。2024 年一季度，澳大利亚的 GDP 为 4 270 亿美元，在全球排名第 14。作为南半球经济最发达的国家，在跨境电商消费能力上相对更强。此外，受经济推动，澳大利亚电子商务相对成熟，跨境电商行业高度发达，国内跨境电商平台数量较多，较受欢迎的平台有亚马逊澳大利亚站（Amazon）、易趣网澳大利亚站（eBay）、Shopbot、JB Hi-Fi、Big W、Spreets、woolworths 以及 Harvey Norman 等。在众多跨境电商平台中，亚马逊澳大利亚站（Amazon）和易趣网澳大利亚站（eBay）在澳大利亚影响力较大，2020 年，eBay 平台平均每月用户访问量约为 7 000 万人次，位列澳大利亚第一；amazon 平台平均每月用户访问量约为 2 300 万人次。2019 年 1

月1日起,澳大利亚和中国关税互免,跨境出口澳大利亚物流成本也大大降低。澳大利亚几乎没有轻工业的产业,消费品几乎都是进口。据相关研究数据表明,截至2019年2月,80.8%的澳大利亚人会在网上购物,网购消费在澳大利亚零售总额中占有9%的份额。从市场规模来看,澳大利亚是目前全球第十大电商市场,而且该市场在未来几年里将持续增长,电商市场前景良好。澳大利亚十大增长品类包括:时尚类、家具类、汽配类、健康美容、宠物用品、电子产品、玩具类、体育及娱乐、礼品类、五金工具等。

十、新西兰跨境电商发展概况

截至2024年6月,新西兰互联网用户408万,占总人口的91%;移动社交媒体活跃用户数280万,占总人口的61%。尽管新西兰的电商发展相对来说没有像美国、德国那样发达,但新冠肺炎疫情大大加速了新西兰电商市场发展的步伐。

2021年,新西兰在线购物达到了76.7亿美元,创造了在线消费的新纪录,与2019年相比,在线支出增长了52%。新西兰人热衷于在中国跨境电商网站购买服装和运动用品。新西兰市场特点与澳大利亚类似。此外,由于国情影响,橄榄球用品与球队服装、帆船配件、农业用品、运动与户外用品、工具产品在新西兰同样受到热捧。因新西兰属于农业经济,国内产品供应链存在断层及商品门类不齐全,新西兰人热衷于向海外卖家进行购买,主要门类为娱乐用品/玩具、家具产品、户外家具、以手机为代表的电子产品、品牌服装、汽车、摩托车、拖车、篷车等。新西兰45—60岁的年龄层是在线购物者的主要群体,但近几年年轻购物者的比例开始增加,2021年15—45岁的消费者在线支出增加了25%,并且越来越多的70岁以上老人也开始网购。2021年,新西兰最主要的在线支付方式仍是信用卡或充值卡,占据电商交易34%的份额,其次是数字钱包(20%)和借记卡(16%)。在跨境电商领域,新西兰一直走在前列。早在20世纪90年代,新西兰就在农产品跨境贸易中占据领先地位。如今,新西兰已经成为全球最大的乳制品出口国之一,近三分之一的出口来自中国。在新西兰政府的大力支持下，新西兰的乳制品贸易出口已形成一套完整的体系，新西兰的相关法律也非常完善，可以说，新西兰对发展跨境电商起到了极大的推动作用。

十一、俄罗斯跨境电商发展概况

根据国际货币基金组织 2021 年的数据显示，俄罗斯是全球第 11 大经济体，2021 年 GDP 为 1.77 万亿美元。截至 2021 年 1 月，俄罗斯人口总数约 1.462 3 亿。在拥有庞大消费群体的基础上，随着互联网的发展及智能手机的普及，俄罗斯的电商渗透率也在逐年提高。根据 2022 年 statista 数据，俄罗斯 2022 年电商用户渗透率将达到 46.7%，预计到 2025 年将达到 50.4%。

近两年，俄罗斯的电商市场发展迅猛。根据官方财报显示，2021 年第四季度，俄罗斯电商 Ozon 包括服务在内的销售额（GMV）超过了 1 750 亿卢布，同比增幅超 130%。俄罗斯速卖通 2021 年的总营业额达 3 060 亿卢布，同比增长 46%。俄罗斯作为一个互联网大国，截至 2019 年，互联网普及率为 83%，智能手机拥有率为 75%，电商市场渗透率却才 6%。然而在两年时间内，电商市场却能一跃到了新高度，这与疫情期间消费习惯的改变关联性较大。疫情改变了俄罗斯人的消费习惯，也加速着俄罗斯电商市场的发展。2020 年 3 月中旬以来，俄罗斯电商市场对食品的需求和网上订单数量大幅增加，平均增长了 1.5 倍。2021 年在线销售额占俄罗斯零售市场总额的 12%，研究显示，俄罗斯国内电子商务市场增长了 50% 以上，达到 4.1 万亿卢布（按平均汇率计算约为 550 亿美元）。订单数量达到 1.7 万亿份，同比增长一倍以上（+104%），创下历史新高。在线销售占俄罗斯总零售市场的 12%，如果不包括食品市场，则高达 26%。这些指标比 2020 年分别上升了 3% 和 5%。俄罗斯人传统上重视休闲及享受，运动休闲产品及电子设备产品都深受欢迎。鞋服、小家电、玩具等也是俄罗斯人在网上购买数量较多的品类。目前，俄罗斯电商市场主流平台有综合品类的全球速卖通，主营鞋服、配饰的 Wildberries.ru，主营电子产品和家用电器的 Citilink，同样以家用电器为销售主产品的 Mvideo.ru，还有被称为"俄罗斯亚马逊"的 OZON.ru，以及主营时装、鞋类和各种配件的 LaModa.ru。随着中俄两国经贸合作的不断加深，两国也在针对跨境电商行业中出台了众多鼓励政策，如中国商家可在俄罗斯建立虚拟海外仓，并在税务政策上有一定的减免，中俄两方在跨境平台上达成交易后，提供俄罗斯本地物流订单，显示的也是俄罗斯本地物流信息，但实际是国内发货。也就是说，中国卖家只需在国内有仓储，无需将货物提前运到俄罗斯，减少了海外仓储费用。俄罗斯的主要跨境平台包括如下。

1. Avito.ru

Avito.ru 创立于 2007 年，截至 2024 年 9 月，Avito.ru 列有超 2 亿条广告。据 Similarweb 2024 年 8 月的数据，Avito.ru 的总访问量为 3.374 亿次，俄罗斯的访问量占比 97.09%。Avito 是俄罗斯最受欢迎的 10 个网上购物网站之一。

2. 速卖通（AliExpress）

俄罗斯是全球速卖通电子商务平台最大、增长最快的市场之一。速卖通俄罗斯站不仅在俄罗斯推广中国产品，也会购买一些俄罗斯商品和俄罗斯品牌出售给俄罗斯消费者。在俄罗斯站上销售数千种产品，主营业务有服装、鞋子、配饰、内衣、电子产品等。2020 年，速卖通俄罗斯站每个月搜索量超过 440 万，还推出 3 项新服务：100% 品质保障、七天无理由退货、核心城市 15 天快速收货。速卖通在俄罗斯受众群体庞大，很大程度上是由于平均消费金额较低，以及从中国邮寄包裹的物流费用便宜且服务质量好。

3. OZON.ru

OZON.ru 是俄罗斯电商龙头企业，成立于 1998 年。是俄罗斯最大的在线平台，销售多种品类。

4. Lamoda

Lamoda 也是俄罗斯和独联体国家中的龙头平台之一，提供超过 400

万个品类的商品，覆盖全球 3 000 多个品牌，涵盖了服装、鞋帽、化妆品等多个品类。平台自建物流体系，覆盖了俄罗斯、乌克兰、白俄罗斯和哈萨克斯坦等 150 多个城市和地区。

5. Joom

Joom 成立于 2016 年，是俄罗斯知名的电商平台，业务主要覆盖俄罗斯。2016 年 11 月，Joom 平台对中国卖家开放，平台发展迅速，成为中国商品热销的平台之一。

6. Wildberries

Wildberries 成立于 2004 年，主要销售俄罗斯本土的鞋服及饰品，品类超过 10 万种，平台提供全国免费快递服务。

7. Wish

Wish 是美国的跨境电商平台，目前 90% 的卖家来自中国，是北美和欧洲最大的移动电商平台之一。

8. Yandex. Market

Yandex. Market 是俄罗斯最大的跨境电商平台。Yandex. Market 平台售卖的品类繁多，且支持多种方式下单，热卖的产品包括服饰、鞋子、家电、电子产品等。

9. ASOS

ASOS 创立于 2000 年，是欧洲的在线零售商，以销售时尚服饰和美妆产品为主，平台深受消费者喜爱。截至 2022 年，月独立访问量达到 1 980 万次，注册用户超过 1 115 万，活跃用户达到了 600 多万，其产品类型覆盖了时尚女装、男装、肌肤护理、彩妆、秀发护理等多个品类。2013 年 ASOS 设立俄罗斯站。

10. SUNLIGHT

SUNLIGHT 是俄罗斯专注珠宝销售的平台,产品类目包含了从儿童耳环到结婚戒指等多种品类。

十二、中亚跨境电商发展概况

中国在中亚地区的贸易中扮演着举足轻重的角色,成为中亚五国的主要商品供应国。哈萨克斯坦、乌兹别克斯坦、土库曼斯坦、吉尔吉斯斯坦和塔吉克斯坦均大量从中国进口商品。具体而言,哈萨克斯坦主要进口中国的机电产品;乌兹别克斯坦倾向于工程机械、空调、冰箱等机械设备及器具;土库曼斯坦主要进口中国的钢铁制品、机械器具及零件、制造业成品与零件等;吉尔吉斯斯坦主要进口中国的服装、机电产品、烤烟等;塔吉克斯坦主要进口日用品、粮油、轻纺和化工产品等。

据中国商务部数据显示,2022 年中国与中亚的跨境电商贸易额实现了惊人的 95% 的增长,吸引了近 300 家中亚企业入驻中国电商平台。这一趋势不仅促进了中亚优质特色产品进入中国市场,同时也让更多的中国商品得以进入中亚市场,实现了互利共赢。中亚五国的经济发展情况如下。

1. 哈萨克斯坦(Kazakhstan)

哈萨克斯坦是中亚地区最大的国家,是中亚地区唯一与俄罗斯接壤的国家。2023 年,人口突破 2 000 万人。哈萨克斯坦是中亚地区最大的经济体,具有较高的消费水平。主要城市如阿斯塔纳(努尔苏丹)和阿拉木图有较高的生活水平和购买力。根据哈萨克斯坦电子商务协会的数据,2019 年哈萨克斯坦的电子商务销售额约为 40 亿美元。哈萨克斯坦拥有丰富的石油、天然气和矿产资源,相关行业具有较大的发展潜力。哈萨克斯坦位于中亚地区的中心,地理位置优越,对于跨境贸易和物流具有重要意义。

2. 吉尔吉斯斯坦（Kyrgyzstan）

吉尔吉斯斯坦位于中亚地区中部，与哈萨克斯坦、塔吉克斯坦、乌兹别克斯坦和中国接壤。2024年，人口约720万。吉尔吉斯斯坦是中亚地区较为贫困的国家之一，消费水平相对较低。然而，主要城市如比什凯克仍有一定的消费市场。农产品和纺织品等领域是吉尔吉斯斯坦的主要出口产品，相关行业具有一定的发展潜力。

3. 塔吉克斯坦（Tajikistan）

塔吉克斯坦位于中亚地区西部，与乌兹别克斯坦、吉尔吉斯斯坦、中国和阿富汗接壤。2023年末，人口总数约1 000万。塔吉克斯坦是中亚地区经济欠发达的国家之一，消费水平相对较低。棉花和铝产业是塔吉克斯坦的主要出口产业，相关行业具有潜力。

4. 乌兹别克斯坦（Uzbekistan）

乌兹别克斯坦位于中亚地区北部，与哈萨克斯坦、吉尔吉斯斯坦、塔吉克斯坦、土库曼斯坦和阿富汗接壤。2024年7月，人口约3 713万。乌兹别克斯坦是中亚地区人口最多的国家，消费水平相对较低。然而，随着经济改革和市场开放的推进，乌兹别克斯坦的中产阶级正在逐渐增长，消费市场也有所扩大。根据乌兹别克斯坦电子商务发展局的数据，2020年乌兹别克斯坦的电子商务销售额约为22亿美元。乌兹别克斯坦具有庞大的潜在市场。纺织和农产品是乌兹别克斯坦的主要出口产品，相关行业具有较大的发展潜力。

5. 土库曼斯坦（Turkmenistan）

土库曼斯坦位于中亚地区南部，与乌兹别克斯坦、阿富汗、伊朗、哈萨克斯坦接壤。2023年末人口约650万。土库曼斯坦是中亚地区相对较为封闭的国家之一，消费水平相对较低，商业环境相对较为复杂。土库曼斯坦拥有丰富的天然气资源，相关行业具有一定的发展潜力。

十三、加拿大跨境电商发展概况

2024年4月,加拿大人口总数约为4 100万人,其网购渗透率达80%。加拿大是一个典型的面积大、人口稀少的国家,在网上购物人群主要集中在南方,如温哥华和多伦多等地。加拿大有很强的消费能力,加拿大当地十大主流网站包括:亚马逊加拿大站、eBay加拿大站、沃尔玛加拿大站、百思买加拿大站、Canadian Tire、Costco加拿大站、Home Depot加拿大公司、Etsy加拿大站、Hudson's Bay和Newegg加拿大站等。

Canadian Tire是一家拥有自有品牌连锁零售店的公司。旗下有Mark's(专做男装、女装和工装)、FGL Sports(专营体育用品和运动服)和PartSource(专门从事汽车零配件)。Canadian Tire通过其网站销售各种汽车零配件、五金、运动和休闲产品、家居用品、玩具和食品等。

Home Depot是美国的大型五金制品和家居用品零售公司,同时也在加拿大和墨西哥运营。Home Depot在实体店和网上出售工具、建材、家居和园艺类设备(家具)及相关服务。

Etsy加拿大站是一个专注做手工制品、复古产品和独特工艺品的平台。它使用户和卖家能够在线出售各种艺术品、摄影产品、服装、配饰、食品、洗浴用品、美容产品、玩具等其他物品。

Hudson's Bay,也被称为The Bay,是加拿大和荷兰的老牌连锁百货商店。Hudson's Bay通过线上零售,出售高端时装、配饰和家居用品等。

Newegg作为一个多品牌在线零售商,该平台销售计算机硬件和软件、消费电子产品,以及专业电子产品。

十四、以色列跨境电商发展概况

以色列位于西亚黎凡特地区,地处地中海东南沿岸,北靠黎巴嫩,东临叙利亚和约旦,西南则为埃及,是一个较为发达的资本主义国家。截至2020年,以色列互联网渗透率达87%,电子商务购物者占比为69%,以色列拥有人口近 1 000 万。以色列位列高收入国家之一，具备很强的购买能力。根据研究中心 Statista 预测，2020 年疫情的催化下，以色列电商市场销售额达到 46 亿美元。预计到 2025 年将上升到 84.33 亿美元，年复合增长率为 11.4%。据了解，以色列拥有强大的互联网和手机渗透率，生活费用高昂，物流网络稳定，这些因素促使电子商务增长速度较快。同时，以色列在政治方面也不断进行制度建设和改革，以适应经济社会发展的需求。2020 年 1 月，电商在当地国内生产总值占比为 0.98%。据猎豹全球智库调研，以色列的手机渗透率达到 132%，74% 的人有智能手机，智能手机普及率高居全球第三，仅次于韩国和澳大利亚。2019 年社交媒体使用量前三名分别为 Facebook 排名第一，占比达 66.92%；Pinterest 排名第二，占比为 17.79%；YouTube 排名第三，占比为 7.37%。以色列人酷爱网购，尤其是极具性价比的产品。对于有客服支持、物流顺畅、更具灵活性的平台更为欢迎。就以色列家庭结构来讲，每个以色列家庭平均有三个孩子，这使得玩具类用品成为网购的大热门。以色列的支付方式主要有 Visa、MasterCard，以及以色列本土支付方式 Isracard，三者所占比例高达 77%。速卖通在以色列独揽半壁江山，2020 年 9 月，亚马逊正式启动以色列站，Shein 也已成为以色列最受欢迎的时尚网站。在以色列，人们不仅过 Black Friday，还过有宗教背景的庆祝节日，包括哈桑纳节（犹太历新年）、住棚节、光明节、逾越节以及以色列独立日等，这些就是当地的主要购物节日。

十五、印度跨境电商发展概况

联合国经济和社会事务部发布的《2019 年世界人口展望：发现提要》显示，从现在起到 2050 年，全球新增人口中约半数集中在 9 个国家：印度、尼日利亚、巴基斯坦、刚果（金）、埃塞俄比亚、坦桑尼亚、印度尼西亚、埃及和美国。印度将在 2027 年前后取代中国成为世界第一人口大国。庞大的人口基数之下，蛰伏着庞大的电商需求。截至 2020 年 3 月底，印度网民总数达到 7.43 亿人，比 2019 年 12 月末增长 3.4%。目前中国的跨境电商平台里，只有销量最大的 Club Factory 在印度有仓库，分别位于德里、孟买和班加罗尔。2022年印度电商市场规模突破490亿美元，增幅达36.1%。印度整体互联网普及率在35%左右，互联网人口达到5.1亿。根据预测，到2025年，印度互联网用户将达到8.5亿。印度消费者对跨境购物的接受度较高，尤其对中国产品有较高的偏好，约83%的人表示更愿意购买中国产品。在购物方式上，超过80%的印度消费者更喜欢通过智能手机购物。与其他金砖国家相比，印度电商发展更加依赖移动通信和移动终端的普及。印度的支付方式主要包括电子钱包、网银转账等。其中本地信用卡包括：Paytm、MobiKwik、Oxigen Wallet、Citrus Wallet、Ola Money；网银转账包括：UPI、Netbanking；本地信用卡包括：RuPay、VISA、MasterCard、Amex等。印度的跨境电商主要平台有：

1. 亚马逊印度站

2022年在印度访问量最大的电商网站是亚马逊，访问量达到4.54亿次，排名第一，远超排名第二的Flipkart.com。2022财年，亚马逊印度站整体营收较2021财年上涨32%，达到2 163.3亿卢比。2022年亚马逊印度站卖家数量已达到110万。

2. Paytm

Paytm是一家提供第三方支付服务的平台，公司创立初期提供手机充电、线上支付、线上购物等服务，类似于电子商务公司Flipkart、亚马逊公司Amazon.com。

3. Flipkart

Flipkart由亚马逊的两名前员工萨钦·班萨尔（Sachin Bansal）和比尼·班萨尔（Binny Bansal）于2007年创建，是印度最大电子商务零售商之一。2018年8月8日，印度反垄断监管机构批准沃尔玛以160亿美元收购Flipkart。Flipkart开发了许多自有品牌，包括大型家电品牌MarQ以及各种电子产品、工具和家庭用品品牌SmartBuy。

4. Myntra

Myntra 是印度第二大时尚电商平台。数据显示，Myntra 在 2023 财年收入增长 25%，从 2022 财年的 350.1 亿卢比增至 2023 财年的 437.5 亿卢比；Myntra 市场份额仅次于 Flipkart Fashion。Flipkart 和 Myntra 都隶属于沃尔玛，在不断增长的市场中与亚马逊时尚、Reliance Ajio、Meesho 以及其他几家公司展开竞争。最大的当季产品、100% 正品产品、货到付款和 30 天退货政策等服务使 Myntra 成为印度著名的时尚购物平台，目前 Myntra 平台已销售 500 多个领先的印度和国际品牌。

5. Club Factory

Club Factory 在印度拥有庞大的用户基础，全球 7 000 万用户中有 4 000 万来自印度。自 2019 年 6 月起，Club Factory 超越印度的 Snapdeal 成为当地第三大购物应用程序。在时尚电商领域，Club Factory 的市场份额超过 31%，产品涵盖服装、鞋子、珠宝、家居装饰、手袋、美容产品、小工具和电器等多个品类。

6. Snapdeal

Snapdeal 曾是印度最大的在线交易平台之一，在印度电商市场中具有一定的影响力，特别是在手表、太阳镜、珠宝等品类的销售上处于领先地位。2023 财年营业收入同比下降 31%。从 5.635 亿卢比降至 3.881 亿卢比，但净亏损进一步缩窄，从 2022 财年的 5.10 亿卢比缩窄至 2023 财年的 2.822 亿卢比，缩窄了 44.7%。产品涵盖手机和配件、电视音频和视频、内存卡、电脑、相机、时尚配饰、服装、家电、厨房用具、玩具、游戏、家居等 800 多种不同类别的 3 000 万种产品。

7. Shopclues

Shopclues 成立于 2011 年，销售各种各样的产品，包括手机、时尚和家居用品。Shopclues 于 2019 年被东南亚电商平台 Qoo10 收购，现在作为 Qoo10 印度站运营。

8. Payt Mall

作为"印度版支付宝",提供包括 Paytm 钱包、信用卡、借记卡、网银等多种支付方式,操作简便,安全性高。在 2021 财年营收大幅下滑后,2022 财年运营收入从 2021 年的 27.7 亿卢比增长到 28.2 亿卢比。提供超过 6 500 万种产品,涵盖时尚、家居、数码电子、户外运动、家电、母婴等品类。

9. Pepperfry

Pepperfry 成立于 2011 年,是一家自营和第三方电商平台,主要销售家具和家居用品。截至 2020 年 2 月,Pepperfry 拥有超 60 万注册用户、12 万种产品,在印度 25 个城市拥有 67 个工作室。

10. Limeroad

Limeroad 成立于 2012 年,主要经营服装、配饰等时尚产品,涵盖女装、男装和童装。在印度女性时尚电商领域具有一定的知名度和市场份额,是印度最早的女性社交购物网站之一。

十六、巴基斯坦跨境电商发展概况

巴基斯坦位于南亚次大陆西北部,首都伊斯兰堡,东接印度,东北与中国毗邻,西北与阿富汗交界,西邻伊朗,南濒阿拉伯海。2021 年,巴基斯坦人口有 2.25 亿。巴基斯坦经济以农业为主,农业产值占国内生产总值 19%,工业基础薄弱。在巴基斯坦,B2C 和 C2C 的跨境电商都广受欢迎。B2C 跨境电商主要产品有家具、服装、电脑等,C2C 跨境电商主要产品是母婴产品。2023 年巴基斯坦是全球第 47 大电子商务市场,其 B2C 电子商务市场收入预计达到 64 亿美元,且未来 5 年,巴基斯坦电商市场规模预计将进一步扩大,复合年增长率将达到 6.2%。而巴基斯坦 B2C 跨境电商市场规模是巴基斯坦 C2C 跨境电商市场的 4 倍。巴基斯坦电商市场比较成熟，B2C 和巴基斯坦 C2C 跨境电商的比较优势都比较明显。

巴基斯坦的电商企业主要是通过海运、空运的方式出口到亚洲或欧洲。巴基斯坦独特的地理位置使其成为连接亚洲与欧洲的最好桥梁，这使得巴基斯坦拥有发展跨境电商的良好条件。据巴基斯坦电信管理局（PTA）2024 年 8 月发布的数据，巴基斯坦蜂窝用户数量增长至 1.930 98 亿，整体蜂窝电话普及率为 79％，网购以大中城市年轻人群居多。据 Statistia 预计，到 2025 年，巴基斯坦电商市场规模将达到 91.53 亿美元。

巴基斯坦网购较受欢迎的产品品类分别是电子产品、鞋服箱包、美妆产品和家居用品。支付方式以货到付款为主。据统计，2015 年货到付款方式占 95％左右，其他支付方式包括银行转账、信用卡支付，以及利用 easypaisa 和 easypay 等工具进行移动支付。目前，巴基斯坦的主要网商均已接受信用卡、借记卡支付。巴基斯坦的电商市场出现了以 Daraz 为首的 3 家主流电商平台。Daraz 成立于 2012 年，于 2018 年被阿里巴巴全资收购。其次是 Hamariweb，其主要为用户提供服装和电子产品。最后，总部位于卡拉奇的 Goto Online Shopping 是一个全品类的电商平台，其具有代表性的热门品类是电子产品。HomeShopping.pk，成立时间早于 Daraz.pk 和 Kaymu.pk，但在品牌和营销推广方面弱于后者。另外还有 Symbios.pk，主要出售来自中国的廉价商品。Shophive 主要以销售高端小配件而闻名，曾是巴基斯坦电商的龙头老大。此外还有 Yayvo、iShopping.pk、Mega.pk、Telemart.pk、24hours.pk、Alkaramstudio.com、Shoppingbag.pk、Zeenwoman.com、Czone.com.pk、Shoprex.com 等电商网站。巴基斯坦政府目前颁布了《电子交易条例》《支付系统和电子资金转账法》《巴基斯坦电子犯罪法》《电子商务和国家关税政策》等有关法律法规，这些法律法规将会极大推动巴基斯坦电商产业的发展。

第七章

江苏省跨境电商的相关研究

江苏作为外贸大省，经济实力雄厚，产业集群发达，发展跨境电商的基础较好，优势明显。目前针对跨境电商的研究成果也较多，主要是针对目前的问题、政策驱动以及相关对策研究等方面展开。通过查阅知网等文献，总结归纳如下。崔睿和顾逸卿认为江苏省作为全国制造业大省和外贸大省，应抓住跨境电商发展机遇，以全省13个设区市全覆盖的跨境电商综合试验区试点为契机，推动业态创新、生态构建、产业数字化等路径实施，助力江苏省跨境电商高质量发展[70]。王卓如认为，江苏跨境电商存在进出口商品类型单一，南京、苏州、连云港三大片区缺乏协同，缺乏成熟的地方性跨境电商平台示范，地方性专业服务平台处于空缺状态，同时面临多重贸易壁垒等问题，应该通过以跨境出口电商政策制度引导江苏价值链升级，构建以跨境出口附加值提升为目标的江苏价值链，加大平台治理力度，加强以跨境出口风险防控为支撑的江苏价值链升级保障，构建"一带一路"全球价值链和布局数字基建，制定全球跨境电商交易标准等[71]。

扶尧全面梳理了江苏省跨境电商海关监管的发展脉络与监管现状，深度剖析及归纳其现存问题，提出推动综合保税区高质量发展、构建海关企业合作桥梁、建立多元化现代智慧口岸、健全相关法律法规和加强有关部门合作等对策[72]。张晓芸梳理了江苏跨境电商存在的问题，包括缺乏头部企业、产生生态不完善和专业人才缺乏等，提出应该加强政策支撑、平台支撑、服务支撑与人才支撑等[73]。朱静和任娟通过研究发现，江苏省跨境电商与跨境物流各子系统有序度持续稳定增长，但是两者的复合系统协同度并没有实现相应增长，两者的协同度较低，他们建议政府应加强宏观调控，增进多方主体协同，建立集成化物流信息平台等[74]。

翁瑾深入分析了江苏省跨境电商企业在直播营销方面的现状和问题，并针对性提出了对策，包括构建"龙头企业＋产业集群＋直播基地"的产业发展模式，加强人才培养，重视海外社交媒体的营销，以及提升供应链的竞争力等[75]。张惠通过对江苏中小外贸企业的调研，分析了其在转型发展过程中的问题和困难，包括精准营销能力不足、无法承担创新升级的成本、政府及主管部门政策服务不到位、物流成本高昂和数字人才缺失等。基于以上问题，他提出了相关对策，包括做好顶层设计、通盘规划中小外贸企业的转型升级路径、创新跨境电商发展模式、发展产业集群助推企业转型升级等[76]。占丽等分析了江苏跨境电子商务竞争力进一步提升面临的问题，包括区域发展不均衡、产业集聚水平和产业链完整度不高、相关衍生服务业主体发展不充分、跨境电子商务物流体系不完善、跨境电子商务高端人才短缺等。根据以上问题，提出应该借助长三角一体化战略分别在产业创新、基础设施、区域市场、绿色发展、公共服务等方面发力，促进江苏跨境电商高质量发展[77]。许妍分析了江苏跨境电商与产业集群协同发展的因素，指出应该通过加大政策支持力度、培育人才、加强品牌国际化、构建集群生态链和保障体系建设等来推动跨境电商产业集群的协同发展[78]。

闫琴和徐晓云指出江苏省跨境电商和跨境物流协同发展存在的困境，包括跨境电商出口额体量较小、物流梗阻等方面的问题。他们指出，应该通过政策落实、平台建设、引大小主体、创自身品牌和培育高端人才等来发展跨境电商，同时通过推进国际物流枢纽建设，做优"跨境电商＋中欧班列"模式，推广"跨境电商＋海外仓"模式，以及探索"跨境电商＋转关模式"等方式解决物流方面梗阻问题[79]。

在探讨江苏省自贸区与跨境电商的协同发展时，蒋帛婷的研究为我们提供了深刻的洞见。她主张，江苏省需深入剖析本省的内外部环境，制定出一项全面且全省统一的跨境电商战略规划。这项规划应聚焦于构建国内领先的线上线下跨境电商融合平台，并以此为契机，推动自贸区及其周边地区的跨境电商特色产业蓬勃发展。此外，她还强调，需创新跨境电商产品的监管与通关机制，将自贸区的制度与政策优势与江苏省现有的跨境电商产业优势相结合，以实现全省跨境电商的显著增长和质的飞跃[80]。刘健则从江苏省内部区域发展的角度出发，对苏南、苏中和苏北的经济失衡现象进行了深入分析，并探讨了"一带一路"倡议下跨境电商对区域协调发展的潜在影响。他提出，在"一带一路"倡议的框架下，构建跨境电商促进区域协调发展的机制至关重要。这要求从政策和协同层面着手，强化软硬件设施建设，并拓宽贸易领域，以推动江苏省各区域的均衡发展[81]。

潘东旭对"一带一路"背景下江苏省特色农产品跨境电商的发展现状进行分析，提出跨境电商的发展策略，包括建设特色农产品企业海外仓库，质量监管，更新企业的经营理念，打造特色苏商品牌等[82]。

以上研究重点从江苏省跨境电商发展的现状、存在的各方面问题，以及应采取的对策和措施方面进行了深入的探讨，研究成果有一定的深度，对问题的分析和挖掘也较为深刻，江苏的跨境电商与广东等省份相比，距离和落差较大。因此，相关研究还有待进一步深入，尤其是在新质生产力对江苏跨境电商的发展影响还不多，有待学者们进一步挖掘和探究。

第八章

江苏省跨境电商产业发展的现状及问题

一、江苏省跨境电商产业发展总体概况

（一）江苏省开展跨境电商的优势

江苏省在开展跨境电商产业具有独特的优势，主要包括以下几个方面：

（1）江苏拥有强大的经济与产业优势。2023年江苏省的GDP达到了12.82万亿元人民币，位列广东之后，排名全国第二。2023年江苏的人均GDP超过了2万美元，成为全国最高的省份。因此，江苏的消费结构和消费需求不断升级，创造了巨大的消费市场。江苏省的经济产业结构优势明显，产业带集中，拥有多个全国知名的产业带，是全国知名的制造业大省。江苏省的制造业门类齐全，出口优势明显，供应链优势突出。比如以常州和无锡为代表的新能源产业集群，南通和苏州等为代表的家纺产业集群等，都是发展跨境电商的重要产业基础。另外，比如连云港的水晶产业、徐州的工程机械产业、扬州的毛绒玩具产业、南京的医疗器械产业和软件产业、苏州的智能制造和机械加工等都是发展跨境电商的优势产业。这些优势是其他省份无法相比的，也成为江苏省跨境电商产业厚积薄发的重要基础。

（2）江苏省拥有发达的交通物流设施。江苏省交通便利，是重要的交通枢纽城市，拥有纵横交错的公路、铁路、航空机场以及长江航运，能有效助力跨境电商产业所需的物流需求。江苏省的城市离上海和宁波等主要出口港口地区距离近，拥有完善的公路、铁路和航运网络，同时江苏省的苏南、苏中和苏北也有自己的机场。从港口情况来看，南京和苏州是长江沿岸的重要港口节点，可以容纳10万吨级的海轮。公路方面，江苏省纵横交错的高速公路已经覆盖所有县级以上地区。海运方面，连云港是重要的欧亚大陆桥的东方桥头堡，南通也是重要的海运桥头堡节点。江苏省也是中欧班列最重要的节点地区，国际铁路运输优势明显。

总体来说，江苏省具有独特的产业优势，资源禀赋强，基础好，适合发展"产业带＋跨境电商"模式。从综合实力来看，江苏省发展跨境电商综合优势明显。

1. 扬州的毛绒玩具产业

扬州的毛绒玩具产业发展已经有 50 多年，已形成较为完整的产业链，是国内外较有影响的毛绒玩具礼品设计、生产、销售和出口基地，先后被授予"中国毛绒玩具礼品之都""江苏省毛绒玩具出口基地"等称号。截至 2018 年，扬州玩具注册企业 1 000 多家，全行业从业人员 15 万余人。其中，规模以上毛绒玩具制造企业 35 家，年销售近 10 亿元，10 亿元以上重点流通企业 2 家。扬州毛绒玩具礼品销售量约占全国总量的一半，占全球总量的三分之一，超过 80% 的企业开展了出口跨境电商业务。

扬州邗江区毛绒玩具产业起步于 20 世纪 50 年代，经过半个多世纪的发展，已经从当初的小作坊模式发展成为完备的现代产业集群模式，拥有从设计、制版、打样、生产、销售、出口等完整的产业链。邗江区拥有"中国毛绒玩具礼品之都""江苏省毛绒玩具出口基地""中央电视台动画形象毛绒玩具产品指定研发生产基地"等名片，荣获"中国礼仪休闲行业优秀特色区""中国礼仪休闲行业优秀特色产业集群"称号。在毛绒玩具产业界，邗江的声誉享誉全球，拥有较高的知名度。截至 2021 年，邗江区有生产类毛绒玩具礼品注册企业 300 家以上，销售总量约 10 亿元，有 80 多家企业获得 ISO9000 认证，通过世界 500 强采购商的验厂的企业超 60 家，取得包括兔斯基、熊出没、蒙奇奇等 200 多个品牌授权，10 家企业入围中国礼仪休闲用品行业竞争力骨干企业。五亭龙国际玩具礼品城是全国知名的玩具礼品交易中心，年营业收入超 75 亿元，供需两旺，从业人员达 4 000 多人。在邗江，以五亭龙玩具城为中心，周边 3 公里半径范围是全省毛绒玩具礼品产业集聚度最高的区域，已创成省级服务业集聚区。该区域集聚了全市 80% 以上的毛绒玩具礼品销售企业，60% 以上的毛绒玩具礼品生产企业，涵盖了以毛绒玩具销售为主的 1 个省级电商示范镇（西湖镇）、4 个省级电商示范村，包括金槐村、荷叶社区、朱塘社区和沈营村，拥有 1 个跨境电商园区（扬州邮政跨境电商产业园）和 2 个"中国淘宝村"，不仅年销售规模全省领先，还形成了集设计生产、销售展览、物流供应、科研培训、品牌推广、法律服务等于一体的产业和服务链条。近年来，扬州邗江区重新组建并成立了毛绒玩具行业协会，有效整合行业资源、搭建交流平台，推动扬州毛绒玩具礼品企业"抱团"发展，举办玩具创新设计大赛、IP产业转化论坛等活动，聚力精准对接、互补发展，有效提升了扬州毛绒玩具礼品企业产品形象的创造力和商业化运作能力。

2. 黄桥镇的小提琴产业

江苏省泰兴市黄桥镇的小提琴产业享誉全球，形成了小提琴设计、生产和制造、出口的产业集群。黄桥镇集聚200多家小提琴生产和配套企业，3万多的从业人员，年生产各类提琴超过70万把。2023年，黄桥镇小提琴产业年产值超10亿元，占全国提琴总产量的70%、世界总量的40%，提琴类产品热销全球90多个国家和地区。

黄桥镇已成为生产小提琴的重镇，既是"中国提琴产业之都"，也是世界最大的小提琴生产基地。乐器生产及配套企业有200多家，乐器产业也成为黄桥的特色产业、富民产业。

3. 丹阳的眼镜产业

丹阳作为世界"眼镜之都"，其眼镜产业在跨境电商领域的发展态势强劲，呈现出多维度的繁荣景象。

从产业规模来看，丹阳拥有1 600多家从事眼镜生产及相关配套的企业，镜片年产量为4亿多副，约占全国产量的3/4、世界总产量的50%左右。强大的生产能力为跨境电商业务提供了坚实的产品基础。2024年上半年，丹阳眼镜企业进出口额达到25.66亿元人民币，同比增长2.8%。

在跨境电商平台的运用上，丹阳眼镜跨境电商产业园发挥了重要作用。该产业园中从事跨境电商业务的企业达到68家，2023年产业园入驻企业电商平台销售额达到1.55亿元，全年直播超过3 600场次。2024年1—6月，丹阳眼镜电商销售额突破12亿元。

企业发展层面，江苏淘镜有限公司2023年全年销售额达6.5亿元，2024年上半年出口额超过4 900万美元，同比增长6.54%。江苏优立光学眼镜公司2023年通过跨境电商出口镜片近600万元，同比增长超90%，2024年一季度出口额已超500万元。

此外，丹阳眼镜产业注重创新与人才培养，每年设计推出超3 000件新款产品,与眼镜相关专业设计人员规模已近千人,还设立了国家眼镜产品质量监督检验中心和中国镇江丹阳(眼镜)知识产权快速维权中心,为产品质量和创新保驾护航。同时,丹阳眼镜电商产业园积极与本地院校共建大学生实习实训基地,阶梯式培养电商运营、产品设计、数据分析等方面专业人才,为产业发展提供智力支持。

总体而言,丹阳眼镜产业借助跨境电商,正不断开拓海外市场,提升品牌影响力,在全球眼镜市场中占据越来越重要的地位。

4. 苏州的婚纱产业

虎丘婚纱城是世界知名的婚纱交易中心,其占地面积约 12 万平方米,总建筑面积约 30 万平方米,拥有婚纱全产业链。虎丘婚纱城共分为 A 区(婚嫁购物中心)、B 区(婚嫁购物中心)、C 区(婚尚体验步行街)、D 区(会展休闲中心)四个功能区域,汇聚结婚产业的上万种产品、四百余家知名品牌,是集婚嫁商品、婚纱摄影、影楼用品、会展发布、人才培养和文化传播为一体的中国婚庆产业发展中心。虎丘婚纱城规模宏大,产业规模优势明显,现集聚了 2 000 多家企业,5 万多从业人员,占据了全国超过 70% 的市场。婚纱城硬件优势突出,软件方面也优势明显。婚纱城充分整合了培训学校、摄影基地、展示中心等功能,完善了上下游产业,形成了全国领先的婚庆产业链。截至 2023 年,虎丘婚纱城已经成为国内规模最大的婚庆产业综合性平台,并且正在大力发展跨境电商,将其销售渠道铺设扩展至全球,打造世界知名的跨境电商品牌。截至 2024 年 3 月,虎丘婚纱城已经成长为东南亚最大的婚纱产销基地,产品销售至全球 30 余个国家和地区,年产值 65 亿元,关联销售额超 600 亿元。

5. 常州的新能源车辆产业

常州新能源产业园总面积超过 12 万平方千米,是全国知名的新能源车辆生产和研发基地。目前拥有 3 家电动车研发企业,100 多家电动车零部件生产企业,形成了包括黄海汽车等一批龙头企业以及高博能源等一批新能源汽车产业园。2023 年,常州市新能源汽车新车渗透率达 38.1%,1 月至 11 月新能源整车产量超 60 万辆,占江苏省产量的 2/3,同比翻 1 倍。

常州动力电池产销量约占全国的 1/5。当地致力于打造新能源产业高地，动力电池的产业链完整度已达 97%，拥有 2.5 万件新能源领域的专利。常州工业产值规模约 2 万亿元，其中新能源产业产值达 7 200 亿元左右，力争到 2025 年新能源产业规模超 1 万亿元。常州新能源汽车产业链完备，涵盖了传动系、制动系、转向系、电气仪表系等十多个领域，产业集聚明显，吸引了上下游 3 000 多家企业入驻，产值规模达到 3 000 多亿元人民币。乘联会数据显示，2022 年常州新能源汽车产量达 34 万辆，位居全国第六位。除比亚迪之外，常州新能源汽车产业链还汇聚了理想汽车、中航创新、蜂巢能源、汇川技术、当升科技、贝特瑞、恩捷股份等知名企业。

6. 常州光伏产业

常州光伏产业集群优势明显。2017 年，全市有 160 多家光伏企业，规模以上企业达 69 家。截至 2023 年，全市集聚了光伏产业链 90 余家规模以上企业。产业集群覆盖了光伏产品的电池、组件、光伏生产设备等多个产业链，几乎囊括了全产业链。形成了包括天合、亿晶、天龙、亚玛顿、顺风、协鑫六家龙头骨干企业，同时从整个常州光伏产业来看，无论是产业配套、规模聚集，还是龙头企业引领，都走在了全国的前列。2022 年，全市光伏产业实现产值 1 065 亿元，同比增长 29.2%，光伏组件产量达到 26.07GW，产能达到 41.3GW，产量接近全国的 1/10。天合光伏产业园、直溪光采小镇等产业集聚区竞争力加速提升，涌现出以天合光能、亿晶光电为龙头的一大批龙头企业，六家组件企业进入出货量榜单前 20 强，新建续建光伏产业链重点项目共 17 个，总投资超过 310 亿元。

以天合光能为例，作为全球最领先的光伏组件供应商、一流的系统集成商与智慧能源领域的开拓者，其全球市场份额已达到 10%，是全球最大组件供应商，天合光能已成为世界光伏行业的风向标。2022 年，天合光能的光伏组件累计出货量突破 120GW，210 大尺寸组件出货量位居全球第一，已连续八次获评 PVEL 全球"最佳表现"组件制造商，成为全球唯一一家同时获得 PV Tech 可融资性 AAA 评级和 BNEF Tier1 评级的组件品牌。光伏产品方面，天合光能的大容量液冷储能柜产品在英国取得客户充分认可；天合跟踪 SuperTrack 智能跟踪控制软件全球广泛应用，并获得莱茵 TüV 授予的产品碳足迹认证，在行业中领先。

在配套企业中，常州的门类很齐全，不仅拥有亚玛顿的光伏玻璃、裕兴薄膜的背板薄膜、回天新材的背板，还有斯威克和百佳年代的封装胶膜、聚和新材的低温银浆、晖朗电子的接线盒、永臻科技的光伏边框等。2022年中国光伏企业组件出货量榜单中，天合光能列第二，东方日升列第六，另有4家企业进入前20强。聚和新材正面银浆产品市场占有率国内第一，永臻科技光伏铝合金边框产品国内市场份额排名第一，斯威克光伏封装胶膜产品市场占有率国内第二。

产业链上中下游"双龙头"的集聚，也为常州光伏产业发展奠定了扎实的基础。目前全市光伏企业中已诞生3个制造业单项冠军，20家"专精特新"企业，37家规上企业设有"三中心"（企业技术中心、工程技术研究中心、工程研究中心），持续发展和突破210电池及组件、双玻组件、N型电池、异质结电池等先进技术。天合光能25次刷新电池转换效率和输出功率的世界纪录，和常州大学、常州捷佳创共同完成的"高效低成本晶硅太阳能电池表界面制造关键技术及应用"项目荣获国家技术发明奖二等奖。光伏企业在"智能化改造，数字化转型"上发力，全市光伏产业智能化、数字化水平快速提升，已累计创建2个省级智能工厂、4个市级智能工厂、9个省级智能车间、17个市级智能车间。

7. 苏州太仓高新区汽车零部件产业

中国汽车零部件（苏州）产业基地位于江苏省苏州市相城区渭塘镇爱格豪路，面积约4 795.19亩（1亩＝666.67平方米）。汽车核心零部件产业是苏州太仓高新区的支柱性产业之一。当前，高新区已集聚300多家汽车零部件企业，预计2023年实现产值近700亿元。与头部企业紧密协作，集聚区域间产业优势、实现合作共赢，构建了新能源汽车产业发展的生态圈。截至2023年上半年，高新区集聚新能源汽车相关企业150家，其中规模以上企业93家，工业总产值297.09亿元，同比增长11.1%。目标到2025年，实现汽车产业工业总产值达800亿元。

当前，高新区正从传统汽车向新能源和智能网联等未来汽车核心零部件产业链延伸，聚焦新能源汽车三电、自动驾驶系统、汽车电子等重点产业链环节，已集聚舍弗勒、联合电子等新能源汽车核心零部件重点企业。高新区积极探索多元融合模式，包括加速推进智能制造，引导企业新旧动能高效转化，推动汽车零部件企业技术优化和创新升级；开展汽车、能源、交通、信息通信、数字经济等跨领域合作，提升汽车零部件及关联产业交互创新能力；依托西工大等大院大所科创资源和力合未来科技谷等载体建设，面向汽车智能化、网联化技术前沿，开展科技体制创新、人才队伍聚集、科技成果转化、技术转移应用等工作。

8. 苏锡通高端纺织集群

江苏的苏州、无锡和南通汇聚了众多服装和家纺的品牌，诞生了一批龙头企业。经过多年的发展，涌现出包括波司登、阳光等出口品牌，还有红豆、海澜之家、雅鹿等国内知名企业。另外，在服装细分领域，还有伊思贝得为代表的童装，以及绝设婚纱、上久楷丝绸、鑫源家纺等众多品牌。其中，恒力、波司登、海澜之家、三房巷、红豆5家企业入选2022年中国"最具价值品牌"榜单。波司登羽绒服、阳光呢绒荣登"世界名牌"。目前，江苏的苏州、无锡和南通已经在产业规模、产业链完备度、龙头企业数量三个方面实现全国第一。2021年，集群内规模以上企业实现营业收入6 500多亿元，占江苏70%，占全国12.6%。通过产品创新以及品牌建设，高端纺织业成为中国新的制造名片。比如恒力、波司登和海澜等已经成为国内外知名的龙头企业。

目前，苏州、无锡和南通的纺织集群已经实现了全产业链的规模化发展，涵盖了纤维、纺纱、织造、印染到下游服装、家纺和产业用纺织品等纺织业全产业链，集聚纺织企业8 500余家，其中规上企业4 184家。

南通是全国知名的家纺产业基地，近年来不断进行产业升级，比如2020年南通大生集投资5亿元，建设全国第一个智慧化纺纱工厂，利用5G、物联网技术和设备监控技术实现全流程信息管理和服务。再如无锡一棉也不断实现产品创新发展，开发系列纯棉、新型纤维与多组分混纺的高支产品，实现了品牌化、绿色化发展。对标世界一流，苏锡通高端纺织集群提出新的目标：力争在2025年实现高端纺织集群营业收入突破8 000亿元，新增中国500强企业3家、世界500强企业1家，全面实现数字化、高质量发展，成长为世界级的高端纺织集群。

9. 苏州生物医药及高端医疗器械产业集群

苏州的生物医药产业作为高端的产业，经过10多年的发展，已经成长为竞争力较强的产业集群，与北京和上海等并列为全国第一方阵。目前苏州已经集聚生物医药企业2 000多家，20多家企业上市，集聚各级瞪羚（培育）企业近百家。目前苏州的生物医药产值接近3 000亿元人民币，产生了一批龙头企业，包括信达生物、百济神州、基石药业等。苏州生物医药产业已入选国家战略性新兴产业集群，营收和产值走在全国前列。苏州制定了明确的发展目标，提出到2025年，产业规模突破4 000亿元人民币，产值突破3 500亿元人民币。通过10多年的发展，苏州已经成长为创新药与高端医疗器械的高地，同时带动一大批上下游企业协同发展，如昆山小核酸、太仓精准医疗、吴中检测服务、常熟手术器械、张家港骨科器械、相城医疗健康、吴江靶向药物等。

10. 通泰扬海工装备和高技术船舶产业集群

江苏是全国第一造船大省，南通、泰州、扬州等地形成了产业空间集聚、产业规模国内领先、产业链配套基础扎实的海洋工程装备和高技术船舶制造产业集群，三地的造船完工量、新承接订单量和手持订单量三大造船指标在全国、全省都占据了较大的比重。通过创新发展，已经形成了南通的海工装备和豪华邮轮产业基地、泰州的大型油船和集装箱船基地、扬州的大型散货船和滚装船基地等，这些产业集群享誉海内外，成为中国造船业的佼佼者。2022年，江苏的造船营收达到1 400多亿元人民币，占全国的1/3，造船的三大指标连续多年全国第一。

南通市作为江苏船舶海工产业发展重要阵地，集聚规模以上企业300余家，2022年实现产值1 506亿元，建成省级船舶与海洋工程装备技术创新中心等创新平台，交付了重型自航绞吸挖泥船"天鲲号"等国之重器以及世界最大天然气处理浮式储卸油平台N999等拳头产品，为推动船舶海工产业高质量发展作出积极贡献。南通将重点推进三大主流船型升级换代，主攻豪华邮轮、大型LNG运输船、FLNG新型油气装备三大高端领域，紧盯动力系统、通信导航、关键材料等领域。强化通泰扬三市联动合作，推动技术、人才、信息、供需、金融等领域务实协作。与丹麦、瑞典、英国、日本等船舶配套强国加强人才技术合作，不断提升产业高端化、智能化、国际化水平，聚力打造成世界级产业集群。在《江苏省南通市、泰州市、扬州市高技术船舶和海工装备国家先进制造业集群培育提升三年行动方案（2023—2025）》中明确提出，到2025年要成长为世界级船舶海工产业集群。在产业集聚度、品牌知名度、创新能力和产业辐射等方面走在世界前列。在产业集聚度方面：力争市场份额达到世界的20%左右。在品牌知名度方面：力求培育4家世界造船前20强企业、3家具有国际影响力的海工装备总包企业。在提升创新能力方面：按照高端化、智能化、绿色化的发展方向，持续打造创新能力体系建设。

11. 东海的水晶产业

江苏省连云港市东海县素有"世界水晶之都"的美称，该地具有独特的矿产资源，东海县境内1 500平方千米的地域已发现矿产37种，其中水晶储量30万吨，石英储量3亿吨。据《江南通志》记载，东海地区在600多年前就在开采水晶。2021年，东海水晶雕刻技艺入选国家级非物质文化遗产保护名录。东海水晶纯净晶莹，质地优良，储量达30万吨，含硅量高达99.99%，储量和质量均居中国之首。东海县是全国重要的水晶产业集群基地，2023年，东海县水晶跨境电商交易额突破45亿元人民币，成长为全国跨境直播的重要代表基地和跨境电商产业集群。目前东海县拥有各类水晶加工企业3 400多家，年产3 000万件水晶首饰、500万件水晶工艺品，产业大军达30余万人。近年来，东海县紧抓"一带一路"和数字经济机遇，在政策扶持、人才培训、综合服务、赛事活动等领域配合发力，直播电商迅猛发展，东海县在"快手年度点赞热门县"中排名全国第一。据连云港市人社局2024年1月31日发布消息，"东海水晶直播电商"在2023年网店发展到1.8万家，电商直接从业人员5万余人。近年来，东海县制定了《电商发展规划》《加快电商发展实施意见》《支持电子商务高质量发展的政策意见》等一系列先行先试政策，鼓励大学生、返乡农民工等群体从事水晶直播电商，铺就"互联网新丝路"，形成东海县至善坊水晶文化发展有限公司等30余家水晶电商龙头企业。在跨境电商领域，2023年实现销售额45亿元。

12. 灌云情趣内衣产业

灌云县是江苏连云港下辖的一个小县城，2024 年人口约 100.25 万，是中国的"情趣内衣之都"。灌云县有一定规模的情趣内衣生产厂家超 500 家，家庭作坊式的小工厂多达数千家，淘宝上的情趣内衣网店有 3 000 多个，每年销售额达 70 亿元，带动当地 2 万多人就业。随着灌云情趣内衣产业的发展，一些原本在外地打工的灌云人也纷纷回到家乡，成为"情趣内衣的产业工人"。2019 年，灌云县有数百家情趣内衣工厂和 3 000 多家网店，每日从灌云县发往全国各地的快递量多达 2 000 万件。2023 年灌云县情趣内衣销售额超过了 60 亿元，占全国市场规模的 70%。2023 年中国情趣内衣市场规模预计超过 400 亿元，呈现出高速增长态势。

13. 徐州的工程机械产业

工程机械是徐州市支柱产业、江苏省首批重点培育的 4 个世界级先进制造业产业集群之一，徐州是中国机械工业联合会授予的全国唯一"中国工程机械之都"，国家装备制造示范基地、机械工业引领高质量创新发展产业集聚区。早在 2021 年，工信部公示国家先进制造业集群竞赛决赛优胜者名单，徐州市工程机械集群在第一轮竞赛中就脱颖而出，进入全国第一批 15 个先进制造业集群之一。作为世界级先进制造业产业集群重点培育对象，徐州已经建立了相对完善的工程机械产业链。上游零部件经过几十年的发展壮大，现已实现从液压件、车桥等核心零部件到结构件、轮胎等基础零部件在内的较为完整的零部件门类覆盖，中游 20 个整机细分领域均有覆盖，零部件本地化配套率达到 50%。徐工发挥"链主"企业龙头作用，带动了徐州 1 000 多家、全球 4 000 多家产业链、供应链上下游中小企业。

徐州工程机械产业集群内，除了一批工程机械整机及零部件全国领先外，还配备有国家工程机械质检中心、工程机械综合服务中心、国家工程机械智能制造重点实验室等支撑性产业服务平台。徐州计划到 2025 年，将其打造为产业规模达到 3 000 亿元、具有特色优势的世界级先进制造业集群。

14. 睢宁的沙集家具产业

截至 2021 年 10 月底，沙集镇有实木家具生产企业约 580 家，板式家具生产企业约 500 家，钢木家具生产企业约 220 家。全镇共有电商配套企业 301 家，基本形成了完整的电商家具产业链条。2021 年睢宁县有 4 万多家网店，2021 年网络销售额达 460 亿元。其中，沙集电商转型示范区有网店 2.85 万家，2021 年网络零售额达 232 亿元。

15. 高邮的路灯产业集群

高邮的灯具产业经历了从无到有、从小变大、从弱变强的发展历程。截至 2024 年，拥有灯具企业近 1 000 家，其中规模以上照明灯具企业 200 多家，年产值近 300 亿元。室外照明灯具占全国市场 40%，灯杆占全国市场 70%。形成包括灯杆、灯具、光源、太阳能电池、表面处理、材料供应、配件加工、配套服务等户外照明生产的全产业链条。通过多年的发展，逐步发展成为包括智慧照明、电线电缆、太阳能光伏为支柱的特色产业集群。近年来，高邮路灯照明企业还积极抢抓"一带一路"带来的新机遇，积极到国外拓展市场。同时与中国—东盟中心成功举办"一带一路"走出去高峰论坛，参加德国、迪拜、坦桑尼亚、中国香港等照明展，产品出口美国、俄罗斯、以色列、韩国、越南、老挝、菲律宾、苏丹、坦桑尼亚、阿联酋、迪拜等国。

针对江苏省 13 个地级市的产业进行归纳总结，主要见表 8-1。

表 8-1 江苏各地产业归纳

地市	重点产业	新兴产业
南京市	钢铁产业、汽车产业、电子信息制造、石化新材料等	生物医药（包括细胞治疗与基因治疗等特色领域）、软件信息等
无锡市	机械装备、高档纺织、新能源、集成电路、新材料、生物医药等	物联网、智能制造等
徐州市	工程机械、食品及农副产品加工、能源、商贸物流业	高端装备制造、新能源、新材料等

续表

地市	重点产业	新兴产业
常州市	装备制造、光伏、化学合成创新制药、软件、输变电设备等	智能制造、新能源汽车等
苏州市	电子信息、装备制造、冶金、纺织、化工和轻工业等	生物医药、新一代信息技术、新材料
南通市	船舶海工、家纺服装、电子信息、智能装备、新材料、新能源等	智能纺织、高端装备制造等
连云港市	医药制造、新材料、新能源、现代物流业、食品生产加工等	清洁能源、生物医药研发等
淮安市	新一代信息技术、盐化工材料、绿色食品、新能源汽车及零部件产业等	新兴产业：智能制造、节能环保等
盐城市	汽车制造、钢铁、风电类新能源、电子信息等	新能源汽车、节能环保等
扬州市	旅游文创、软件信息服务、建筑、机械制造等	数字经济、文化创意等
镇江市	高端装备制造业、新材料等	柔性钙钛矿太阳能电池研发（光伏产业新发展）、智能制造等
泰州市	生物医药及新型医疗器械、高端装备及高技术船舶产业、化工及新材料产业等	生物医药研发、智能制造等
宿迁市	机电装备、绿色食品、高端纺织、光伏新能源、绿色家居、新材料等	清洁能源、环保材料等

（二）江苏省的跨境电商贸易范围不断扩大

截止到2023年，江苏省13市全部设立跨境电子商务综合试验区。2022年，江苏外贸进出口5.45万亿元，同比增长4.8%，规模再创历史新高，占全国比重达12.9%，规模居全国第二位。2023年江苏外贸进出口总值5.25万亿元，规模继续居全国第二位。高附加值的外贸"新三样"成为江苏出口的新增长引擎。2023年，江苏太阳能电池、锂电池、电动汽车"新三样"累计出口1 949亿元，稳居全国首位，增长12.3%，其中新能源汽车出口规模增长3.6倍。2022年，江苏省跨境B2B出口额达到46亿元人民币，2023年前11个月，江苏省跨境电商进出口额增加了23.7%。截止到2023年，江苏省累计获批10个国家的跨境电商综合试验区，建设了90多个跨境电商产业园区和孵化基地，70多家企业在欧洲、美国、亚洲、非洲等40多个国家和地区建立了200多个海外仓，仓库面积超过150万平方米。为了加快跨境电商产业的发展，江苏省人民政府出台了《关于促进全省跨境电子商务高质量发展工作意见的通知》等一系列政策文件，涉及申报、通关、备案、纳税等多个方面，为企业提供更多服务，助力企业发展。江苏省建立了海外仓的局部梯度培育机制，累积认定了21家省级公共海外仓，服务中小企业超过2 000家。江苏省各类海外仓，遍及欧美、非洲和"一带一路"等重点国外交易市场，为开展国际化品牌建设和特色优势业务、深耕国外市场提供了强力支持。从跨境电商产业发展建设规模来看，经过快速发展，跨境电商的公司总量及货品类型逐年增多，进出口贸易公司产品架构也在进一步优化。作为"一带一路"的重要节点，江苏省"丝路电商"效应显现，2023年江苏省对沙特阿拉伯、孟加拉国和卡塔尔的进出口大幅增长，其中对卡塔尔的进出口增长更是超过了64.2%。2016年1月，苏州市为江苏省第一个成为国家跨境电子商务综合试验区的地级市，电子商务平台发展加快，平台备案公司总量达到了458家，备案商品6.7万种。

（三）经营主体加快集聚成长

江苏省各地按照行业特点，引入龙头型项目，并与本地企业相结合，大力培育经营主体。淘宝网、谷歌体验中心、亚马逊等一大批平台类的龙头企业纷纷落地，而焦点科技、徐工电商等一大批国际知名的平台类公司也相继成立。科沃斯、中恒宠物、宝时得、弘业股份、无锡择尚、尚佰环球等一大批跨境电子商务应用型企业也迅速发展，正在成为推动江苏省各地跨境电商的主导力量。江苏省主要包括以下跨境电商龙头企业。

1. 江苏苏美达集团公司

江苏苏美达集团公司（SUMEC），作为一家拥有丰富历史底蕴的企业，自1978年成立以来，一直是中国机械工业集团有限公司

（SINOMACH，世界五百强企业）的核心成员。该公司业务范围广泛，不仅涵盖了船舶建造与成套工程的建设，还涉及电动工具、园林工具、动力机械、太阳能光伏组件等多元化机电产品的研发、生产及出口。此外，苏美达集团还专注于轻纺服装领域的创新，为市场带来高质量的产品。在"贸工技结合"的战略框架下，苏美达集团不断推动实业化进程，力求实现业务的全方位发展。为此，公司成功打造了苏美达科技工业园，并设立了苏美达机电制造有限公司和苏美达制衣有限公司等全资子公司。这些企业在电动工具、园林工具、动力机械、家用电器、太阳能光伏组件，以及服装、家用纺织品等领域均拥有强大的生产实力，为苏美达集团的业务拓展提供了坚实的后盾。苏美达集团凭借其卓越的实力和前瞻性的战略眼光，在国内外市场上树立了良好的品牌形象，成为业界备受瞩目的领军企业。

2. 徐工集团工程机械股份有限公司

徐工集团工程机械股份有限公司的主营业务为土方机械、起重机械、桩工机械、混凝土机械、路面机械、高空作业机械、矿业机械、环卫机械、农业机械、应急救援装备和其他工程机械及备件的研发、制造、销售和服务工作。公司下辖贸易服务和新业态企业60余家，是国企改革"双百企业"，是我国工程机械行业规模宏大，产品品种与工程机械系列齐全，极具竞争力、影响力和国家战略地位的千亿级企业。2024年，企业位于全球行业第3位、中国机械工业百强第4位、世界500强第386位，产品销售网络覆盖190多个国家及地区，在全球建立了300多个海外网点，为用户提供全方位营销服务。2023年，徐工集团实现国际化收入372亿元，同比增长33.7%；国际化收入占比升至40.09%，同比提高10.42个百分点。目前，徐工集团9类主机、3类关键基础零部件市场占有率居国内前列；5类主机出口量和出口总额持续位居国内行业前列；汽车起重机、大吨位压路机销量位居全球前列。

3. 江苏苏豪云商有限公司

江苏苏豪云商有限公司正式成立于2021年12月8日，是苏豪控股集团二级子公司。苏豪云商自2016年开始拓展跨境电商出口业务，是省属企业第一家实体跨境电商公司，核心业务模式包含 B2C、B2B 以及"弘途跨综"跨境电商综合服务等。"十四五"期间，苏豪云商坚持"数字化、科技化、国际化、品牌化、平台化"的发展战略，融合线上线下，开拓国内国外双市场，积极打造"数字苏豪"，着力构建"数字新贸易，跨境共同体"。苏豪云商致力建设"三个一"：打造一个跨境电商龙头企业，探索一条江苏特色的国企电商发展道路，构建一个跨境电商新生态系统，力争成为江苏跨境电商引领者。2023 年，苏豪云商 2 个"千万美元"品牌入选 2023 年度江苏省重点培育和发展的跨境电商知名品牌。

4. 焦点科技股份有限公司

焦点科技股份有限公司成立于 1996 年，总部位于南京。焦点科技是国家首批电子商务示范城市试点项目单位，是商务部电子商务示范企业，也是江苏省平台型数字贸易龙头企业。公司业务涉及外贸、保险、企业采购等多个领域，企业拥有中国制造网（Made-in-China.com）、Doba（Doba.com）、inQbrands（inQbrands.com）、新一站保险网（xyz.cn）等多个品牌，同时还拥有智慧教育、移动医疗等互联网项目。

5. 江苏汇鸿国际集团中鼎控股股份有限公司

江苏汇鸿国际集团中鼎控股股份有限公司成立于 1974 年，是江苏省属外贸集团——江苏汇鸿国际集团股份有限公司的重要成员企业。公司曾是江苏口岸设立最早成立的专业外贸公司之一，现已发展成为一家以进出口贸易为主业，房地产经营和投资实业相结合的大型国有控股企业。

6. 江苏贸促数字科技有限公司

江苏贸促数字科技有限公司为跨境电商生态运营商，省属国资控股企业，长三角跨境电商创新发展中心运营服务机构，由跨境电商领域具有 10 余年从业经验的专家团队组建而成，在行业内拥有丰富的成功案例，成功操盘过多个跨境电商品牌出海项目，为江浙沪皖地区培育孵化了 5 000 余家跨境电商企业，其中年销售额超过 1 亿美元的达到 6 家。贸促数字科技有限公司已和 30 余家跨境电商主流平台及优秀服务机构达成了战略合作关系，并和长三角地区20余所高校建立了校企合作关系，为跨境电商企业提供从人才培育—企业孵化—运营管理—供应链赋能的全链路、全生态资源服务。

7. 苏豪弘业股份有限公司

苏豪弘业股份有限公司成立于1979年，于1997年在上海证券交易所挂牌上市，是全国外贸工艺品行业和江苏省外贸系统领先上市的国有控股企业，现为江苏省苏豪控股集团有限公司重要成员企业，注册资本24 676.75万元，年营业收入超过50亿元，总资产近50亿元。公司先后通过了ISO9001质量管理体系、ISO14001环境管理体系和ISO45001职业健康安全管理体系认证，是"中国质量诚信企业""南京市总部企业"，自主品牌"爱涛artall"连续多年荣获"江苏名牌产品"和"江苏省重点培育和发展的国际知名品牌"称号。

8. 常熟通润汽车零部件股份有限公司

常熟通润汽车零部件股份有限公司成立于1954年，是集研发、制造、销售各类液压千斤顶的国际化企业，具有50多年的千斤顶设计、生产经验，是全球大型的千斤顶生产基地。累计千斤顶生产总数超2亿台，年生产能力达1 800万台，产品覆盖全世界140多个国家和地区。公司旗下拥有"BIGRED""BLACK JACK""TCE""YELLOW JACKET""ROAD DAWG"等众多知名品牌。其中"BIGRED"品牌在全球千斤顶行业，特别是北美地区，占主导地位。"通润"品牌在国内外市场已具有较高的知名度，被商务部列为"重点培育和发展的出口名牌"。公司产品获TUV机构颁发的"德国GS""欧共体CE"认证证书，质量达到美国ASME、英国BS、德国DIN、澳大利亚AS、日本JIT等国家技术标准要求。公司荣获"省出口一类企业""中国机械十杰企业""中国机械工业优秀企业""全国CAD应用工程示范企业""中国机械工业核心竞争力百强企业""江苏省机械工业优秀单位""中国质量诚信企业""江苏省高新技术企业""江苏省创新型企业"和中国机械工业核心竞争力"三十佳企业"等称号。常熟通润汽车零部件股份有限公司现有有效专利200多项，其中发明专利

70 多项，境外专利 19 项。

9. 科沃斯机器人股份有限公司

科沃斯机器人股份有限公司专注于服务机器人的独立研发、设计、制造和销售。公司主要品类包括扫地机器人地宝、自动擦窗机器人窗宝、空气净化机器人沁宝和机器人管家亲宝，以及公共服务机器人系列产品等。科沃斯产品销售领域广泛，包括了美国、欧洲和日本等 10 多个国家和地区。公司下辖 Ecovacs Germany、Ecovacs US、Ecovacs Japan 三个海外下属公司，通过自营电商平台和海外社交媒体与用户进行线上互动和开展配套服务，还建立了覆盖其他 30 个国家和地区的分销商体系。

10. 追觅科技

追觅科技是一家创立于 2017 年的全球化科技公司，总部位于苏州。公司于 2017 年加入小米生态链，负责智能清洁类目。追觅科技聚焦智能家电行业，公司现有无线吸尘器、扫地机器人、高速吹风机、洗地机四大品类，并持续在个护、生活等领域拓新。旗下首款产品无线吸尘器 V9 于 2018 年通过小米众筹首发，2019 年 3 月登陆速卖通、eBay、亚马逊等海外电商平台，正式开启全球渠道布局，覆盖了中国、美国、法国、波兰等 100 余个国家。

11. 苏州若态科技有限公司

苏州若态科技有限公司成立于 2007 年，是一家集儿童益智拼装电动玩具研发、生产、销售于一体的公司。公司专注欠驱动机械设计技术、仿生学设计、系统集成、人工智能等领域，已成功研制超过 30 款机器人玩具原理样机，申请国际发明专利 3 项、国内专利 20 项，拥有极强的科研创新和研发能力。公司主要经营益智拼装类、电动拼装类、拼装绘本类、拼装绘图类等拼装玩具，现已拥有"若态科技""若小贝"两大品牌，产品已销往美国、英国、法国、德国、意大利、日本、韩国、东南亚等国，并得到了广泛好评。

12. 苏州太湖雪丝绸股份有限公司

苏州太湖雪丝绸股份有限公司成立于2006年，公司形成了蚕丝被、床品套件、丝绸饰品、丝绸服饰四大产品系列，并聚焦"微笑曲线"两端为核心的高附加值发展业务链，即研发设计及品牌运营，建设了线上与线下、境内与境外双轮并举立体式销售模式。线下渠道主要通过直营专卖店、企业客户集采等销售渠道，线上渠道主要通过天猫、京东、唯品会、抖音、亚马逊、海外官网等电子商务平台宣传推广并销售。公司秉承技术创新，专注于蚕丝被工艺与技术的创新。截至2024年7月26日，苏州太湖雪丝绸股份有限公司累计发明专利7件，实用新型专利90件，著作版权2 277件。同时，公司积极参与起草国家标准5项、行业标准5项、团体标准7项，参与制定的标准均已颁布实施，助力行业健康、良性发展。

公司荣获高新技术企业、国家级服务型制造示范企业、全国科技型中小企业、国家版权示范单位、江苏省专精特新中小企业、江苏民营文化企业30强、江苏省农业产业化龙头企业、江苏省重点文化科技企业、江苏省电子商务示范企业、江苏省产教融合型试点培育企业、苏州首届文化产业"东吴奖"领军型文化企业十强、苏州市纺织丝绸科学技术进步奖等荣誉称号；产品荣获江苏精品、中国绿色产品、高档丝绸标志等认证；太湖雪品牌荣获中国十大丝绸品牌、全国茧丝绸创新品牌、苏州市知名商标等荣誉称号。

13. 泰州润元机电科技发展有限公司

泰州润元机电科技发展有限公司成立于2008年，注册资本922万元。公司经营范围广泛，包括机电产品研制、生产开发。产品主要有园林机械、冰上产品和户外运动装备等，主要出口北美和欧洲。技术上拥有20多项专利，参与制定4项国家行业标准。企业荣誉众多，包括被评为高成长性企业、挂牌新三板、获得专精特新产品企业称号、获批国家级小巨人企业、荣获国家高新技术企业称号等，其海外仓也被认定为江苏省公共海外仓。

14. 鱼跃集团

集团旗下拥有100余家分、子公司，以及鱼跃医疗、意大利百胜等10余个著名品牌。在上海、南京、苏州、丹阳、西藏以及德国、意大利等地建立了12大研发中心、9大制造中心，形成了完整的全球研发、生产、营销、服务网络，覆盖海外131个国家和地区。在科研方面，鱼跃拥有国家企业技术中心、国家工业设计中心、国家博士后科研工作站等多个科研创新平台，多次承担国家重点研发计划、国家火炬计划等多项国家及省级重点课题。2021年，鱼跃成立创新研究院，加速引领产业发展。在制造方面，鱼跃智能制造工厂被认定为2021年度全国"智能制造试点示范工厂"，是医疗器械领域为数不多的国家级智能制造试点企业。

15. 宿迁市神龙家纺集团有限公司

宿迁市神龙家纺集团有限公司始建于2000年，下辖宿迁市飞虎毛毯有限公司、宿迁市广源化纤有限公司、宿迁市经纬制造有限公司3家子公司。公司拥有国内先进的工艺技术设备，坚持自主设计开发，集纺纱加弹、经纬织造、印花、水洗、定型、后整理、成品于一体的一条龙生产模式，年可产各种毛毯400万条，集团销售4亿元以上。公司先后获得"国家高新技术企业""江苏省科技民营企业""江苏省科技型中小企业"等荣誉称号。

公司主要产品以毛毯为主，有成人系列、童毯系列、床上四件套、地块毯系列等，高、中、低档齐全，近600余个花色品种。公司通过ISO9001：2015国际质量体系认证，飞虎牌毛毯为江苏省名牌产品，飞虎商标为江苏省著名商标，是江苏省重点培育和发展的国际知名品牌。产品以独特风格和手感深受广大消费者喜爱，不仅畅销国内各大专业市场，并且自营出口美国、英国、埃及、丹麦、罗马尼亚、波兰、西班牙、厄瓜多尔、南非、迪拜、日本等40多个国家和地区。

16. 苏州贝宝信息科技有限公司

苏州贝宝信息科技有限公司成立于2012年，是一家从事跨境业务的电子商务企业。致力于电子产品、室内家居、体育用品、服装面料、婚庆婚纱礼服、防疫物资（口罩、消毒液、防护服）等各类产品的设计、研发、生产与销售。公司从2012年成立至今，业务高速发展，产品及服务惠及全球200多个国家的百万级客户。总部设于中国苏州，且在广州、北京设有代表处，目前在美国设有分公司并计划在多个国家及地区进一步扩大运营团队设立分公司。

17. 江苏通用科技股份有限公司

江苏通用科技股份有限公司是江苏省重点企业集团、全国120家深化改革试点企业——红豆集团的控股子公司，2016年9月在中国上交所上市，是一家专注各种轮胎研发、生产和销售的现代化高新技术企业。公司建有中国、泰国、柬埔寨三大生产基地，拥有稳定、专业的营销团队和完善的营销网络，在全国开发了10 000余家形象店、招牌店，是中国民族轮胎领军企业之一。

公司注重轮胎科技创新，建有国家认可技术中心平台、工业设计中心和实验室，承担国家和江苏省火炬计划等项目，深入与科研院所、高校、国际一流供应商开展产学研战略合作，获得授权专利400余项，发明专利位居行业前列，荣获中国橡胶工业企业创新发展奖、中国石油和化工行业技术创新示范企业等奖项。公司拥有"千里马""赤兔马""TBBTIRES""GOODTRIP""黑马"等知名品牌，是江苏省AAA级质量信用企业，先后获得中国名牌产品、全国用户满意产品、中国500最具价值品牌和中国轮胎十大影响力品牌等诸多荣誉。

18. 无锡宝通科技股份有限公司

宝通科技自2000年成立以来，已迅速崛起为一家业务横跨现代工业散货物料智能输送服务与移动互联网两大关键领域的上市公司。经过多年的发展，宝通科技已经构筑了一个强大的集团化企业体系，旗下拥有多家全资和控股企业。这些企业包括无锡百年通工业输送有限公司，专注于工业输送领域的创新与服务；无锡宝通智能物联科技有限公司，致力于智能物联网技术的研发与应用；百年通（澳洲）输送系统服务有限公司和宝通

（澳洲）输送系统服务有限公司，这两家企业在澳大利亚市场上为工业输送提供优质服务。此外，宝通科技还在泰国设立了宝通工业输送（泰国）有限公司，进一步扩大其在国际市场的影响力。在山东，山东新宝龙工业科技有限公司是宝通科技在北方地区的重要战略布局。同时，无锡宝强工业织造有限公司专注于工业织造领域的研发与生产。在移动互联网领域，宝通科技也展现出了强大的实力。广州易幻网络科技有限公司、海南高图网络科技有限公司、海南元宇宙科技有限公司，以及上海荷笛科技有限公司等，都是宝通科技在移动互联网领域的杰出代表，它们共同推动了公司在这一领域的持续创新与发展。

19. 徐州徐轮橡胶有限公司

徐州徐轮橡胶有限公司成立于 2006 年，位于徐州工业园区内，占地 800 亩，注册资金 1 亿元，是国内大型的工程胎、农业胎、叉车胎和汽车轮胎生产基地、国家企业。据徐轮橡胶官网介绍，公司综合生产能力 420 万套轮胎，其中工程轮胎 60 万套，农业轮胎 180 万套，农业、子午工程胎 10 万套。2023 年销售收入约 30 亿元，其中自营出口约 8 000 万美元。综合实力排国内轮胎行业第 15 位，跨入世界轮胎行业 50 强。

企业通过了 ISO9001、IATF16949：2016 质量管理体系认证、3C 认证、E-MARK 认证、美国的 DOT 产品认证、ISO14001 环境管理体系认证、ISO45001 职业健康安全管理体系认证，生产的轮胎符合欧盟 REACH 法规的标准。产品已形成工程机械轮胎、农业轮胎、工业车辆轮胎、载重轮胎、轻型载重轮胎、实心胎 6 大系列 400 多个产品规格。"甲"牌系列产品连续 10 年被江苏省名牌产品认定委员会认定为"江苏名牌产品"，深得用户的信赖。公司与凯斯纽荷兰、约翰迪尔、卡特彼勒、沃尔沃、徐工、柳工、一拖、福田等国内外知名公司建立了稳定的配套关系，市场占有率逐年增加。企业荣获中国农业机械工业协会颁发的中国农业机械产品零部件唯一轮胎金奖和龙头企业，工程轮胎被全球工程机械产品大会暨 50 强峰会评为"年度零部件产品及运动奖"，产品畅销国内外市场。

20. 江苏华神特种橡胶制品股份有限公司

江苏华神特种橡胶制品股份有限公司成立于 2006 年，是国家高新技术企业，江苏省民营科技企业，江苏省科技型中小企业，句容市工业30强企业。公司原名江苏华龙橡胶制品有限公司，主要产品为用于海洋施工的大型输送胶管，包括普通排泥胶管、自浮排泥胶管、吸泥胶管、铠装胶管、橡胶短节等。公司还生产其他橡胶减震制品和橡胶密封制品。公司的主要用户包括中国交通建设总公司所属的天津航道局、广州航道局、上海航道局、长江航道局、天津港海公司等国内著名疏浚施工企业，以及比利时、荷兰、德国、美国、日本等国家的疏浚施工单位。

21. 中裕软管科技股份有限公司

中裕软管科技股份有限公司创立于2000年，是以制造页岩气可扁平压裂软管为主导产品的新材料企业，位于江苏泰州。主要经营：超高压防腐耐磨内衬复合橡胶软管、高分子纤维增强复合材料软管、大口径TPU聚氨酯扁平输油软管、多用途双面胶复合软管、高压软体排水管、输热水管、消防水带等，各类消防水带、水枪、接口等系列产品，并且有自己的大口径接扣加工中心。年生产各类可扁平软管800万米，是江苏省民营科技企业、公安部消防产品定点生产单位。产品广泛应该于消防、石油、化工、船舶、冶金、矿产、农业、水利等领域，90%以上远销欧美、东南亚、非洲、中东等国家和地区，同时在美国成立了专业的销售公司。公司在同行业中率先通过ISO9001：2008质量管理体系认证，美国UL、FM、NFPA，德国劳氏GL/MED，欧洲EN14540、EN694，中国强制性产品CCC，中国船级社CCS等认证。

22. 无锡新亚安全用品有限公司

无锡新亚手套有限公司是一家集联营生产与自营出口安全用品为一体的公司，成立于1993年，2007年底更名为"无锡新亚安全用品有限公司"。2017年度出口额为3 325万美元，在无锡市锡山区外贸企业中表现突出，荣获市级和省级外贸品牌培育企业的美誉。无锡新亚安全用品有限公司专业生产多种系列的劳保手套及其他安防用品，在全国有5个联营加工中心，主要分布在山东高密、江苏南通、浙江绍兴、浙江温州、江苏无锡。公司的主要产品有：（1）乳胶浸胶手套、丁腈浸胶手套、PU浸胶手套、PVC 浸胶手套以及氯丁胶手套；（2）编织手套；（3）棉质缝制手套；（4）家用手套；（5）安全劳保鞋类；（6）头部防护用品；（7）部分反光服装。公司生产的防护手套、安全鞋远销欧洲、美洲、东亚、大洋洲、中东及东南亚地区 50 多个国家。

23. 南通动感服饰在线商务有限公司

南通动感服饰在线商务有限公司成立于 2007 年，主营帽子、围巾、手套、丝巾、披肩、面料生产加工等；为客户提供新、优、具个性化的各式中高档时装帽。公司是中国服装协会专业委员会主任委员单位，2010 年底，被中国服装协会授予中国帽饰研发创意中心称号。总公司出口贸易远销加拿大、美国、欧洲、日本、韩国等国家。公司通过了"ISO-9001"质量管理体系、"ISO14001"环境管理体系、"OHSAS18001"职业健康安全管理认证和"WRAP"环球服装社会责任认证，荣获"WOOLMARK"全羊毛标志授权企业称号及南通市"爱心企业"称号，同时被授予"中国服装协会帽饰研发中心"称号。

（四）顶层设计不断完善，跨境生态逐渐形成

自 2016 年以来，江苏省在国家跨境电商综合试验区政策的推动下，明确了以产业发展为核心，以 B2B 模式为主导的发展策略，致力于推动跨境电商业务的全面发展。省级相关部门紧密合作，强化信息共享，并快速落实通关、税收、外汇管理等新政策，为全省跨境电商的稳健成长提供了有力保障。

在综试区的建设中，各区域按照"六体系两平台"的建设要求，积极创新，持续优化发展环境。其中，苏州综试区凭借其数字贸易公共服务平台，助力企业线上参展、扩大订单，实现业务金额超过 351 亿元。同时，苏州综试区还打造了"线上＋线下"园区联动的发展模式，设立了多个线下综合园区，实现了线上平台和线下园区的有效结合，为跨境电商的发展提供了强有力的支撑。这些成功的经验做法得到了商务部、海关总署等部委的高度认可，并在全省范围内得到了推广。

此外，常熟服装城也积极探索跨境电商的发展模式，将市场采购贸易

与跨境电商、外贸综合服务相结合，形成了独具特色的"常熟模式"。这种模式的成功实践，不仅为常熟服装城的发展注入了新的活力，也为江苏省乃至全国的跨境电商发展提供了宝贵的经验借鉴。

南京综试区聚焦产业发展，通过政策支持，在产业集聚、平台建设、经营主体培育和服务体系完善等方面取得显著成效。龙潭、空港、机场三大跨境电商产业园形成互补发展态势，市级跨境电商孵化基地2020年成功孵化近700家企业。通过"破零""破冰"计划，传统外贸企业纷纷涉足跨境电商，全市参与企业超过千家，创新型企业崭露头角。

无锡综试区建设成果显著，六大专业公共服务平台和十大市级公共海外仓的搭建为跨境电商提供了坚实支撑。产教联盟成立、"锡品卖全球"等活动的举办，以及连续5年的跨境电商"双创"大赛，不仅孵化了近200家中小企业和50个学生团队，还获得了商务部的认可。这些举措有力推动了跨境电商生态圈的形成和发展。

南通综试区采纳了"一区多园，以点促面"的发展模式，成功设立了5个市级综试区工作站和跨境电商产业联盟。通过精心策划的50余场专题活动，如"跨境电商联盟走进产业带"和"中国（南通）跨境电商选品大会"等，极大地激发了跨境电商领域的创新活力。南通市内的外贸龙头企业也积极参与跨境电商的发展，努力成为全市乃至更广泛区域的行业标杆。特别值得一提的是，叠石桥国际家纺城市场在全国范围内率先实现了采购贸易与跨境电商的拼箱出口融合，展示了南通在跨境电商领域的先进性和创新力。

自2020年4月获批以来，宿迁跨境电商综试区迅速启动"宿贸迁云"计划，致力于推动产业园区的建设，并鼓励企业融入数字化转型的浪潮。目前，该区域已建成5个跨境电商产业园，总面积超过3.5万平方米，同时保税物流中心（B型）和海关监管场站的建设也取得了显著成就，仓储空间已扩展至5.6万平方米。此外，京东物流中心、中国制造网等7家知名平台企业已入驻，带动了超过200家企业涉足跨境电商领域，近年来累计出口额高达3亿美元，充分证明了宿迁跨境电商综试区的成功与活力。

与此同时，徐州聚焦平台建设、孵化基地、产业园和公共海外仓的建设。常州加大政策支持力度，以"买全球卖全球"为目标，提升国际贸易拓展能力。盐城结合中韩产业园建设，打造特色产业园区，持续优化营商环境。连云港依托其独特的海陆空铁联运优势，构建国际物流支撑体系。

淮安积极推广跨境电商政策，加强产品对接工作。各综试区结合地方特色，积极探索发展路径，在全省跨境电商发展中发挥着引领和示范作用。

江苏省委省政府积极响应国家贸易高质量发展的号召，于 2020 年 12 月出台了《关于推进贸易高质量发展的实施意见》。该政策围绕稳住外贸、强化产业支撑、优化贸易结构、提升服务贸易创新发展水平、发展新业态新模式、推进平台建设、拓展发展新空间、打造国际营商环境八大方面，提出了 24 项重点任务，为江苏在新发展格局下推动贸易高质量发展提供了明确的目标和保障。

为了进一步稳固外贸基础，江苏持续强化对市场主体的保护与服务，促进内外贸的深度融合，同时加强产业链供应链的韧性。在增强产业国际竞争力方面，江苏重点关注提升产品质量和品牌影响力。

在优化贸易结构方面，江苏积极引导企业加大创新力度，不仅在品牌、营销和服务上寻求突破，而且还要培育更多具有全球视野的创新型企业。同时，江苏积极鼓励加工贸易的转型升级，特别是利用江苏的重点城市如苏州作为试点，带动全省贸易结构的优化。

对于服务贸易，江苏以数字化为突破口，加快培育新型服务贸易载体，如南京、苏州等地的服务贸易创新平台。此外，加大了服务外包的转型力度，保持江苏在该领域的领先地位。在新兴业态的发展上，江苏关注跨境电商的潜力，如苏州、南京等地的跨境电商综合试验区，通过优化监管模式，推动其快速发展。同时，积极探索市场采购贸易的新模式，以及"市采通"等跨境服务平台的建设，为外贸企业提供更多元化的服务。

江苏在平台建设上采取了多项措施。为了强化贸易的推动力，江苏聚焦于构建和完善贸易平台建设以及国际营销服务体系，同时精心打造高效、顺畅的国际物流网络。通过精心布局空港、陆港、海港，并强化中欧班列的发展，致力于打造与国际标准对接的物流中心网络。

在开放载体建设方面，江苏以自贸试验区为标杆，推动开发区等开放平台在"放管服"改革上取得显著成效，从而进一步释放市场活力和创新潜能。在寻求发展新机遇的过程中，江苏着重以高质量推进"一带一路"交汇点建设为关键点，优化外资利用结构，为外贸增长注入新的活力。此外，江苏始终致力于优化营商环境，不断提升贸易的便利化程度，以更优质的服务支持外贸企业的发展。同时，江苏制定了针对性的政策，并提出了3项核心保障措施：①强化组织领导，确保党在推动贸易高质量发展中的全面领导地位；②优化专业服务，构建更加市场化、社会化的外贸服务体系，并发挥行业协会、中介机构以及领军企业的积极作用，以提升信息咨询、国际认证、研发检测、国际物流和知识产权等多方面的专业服务水平；③强化人才支持，通过提升干部队伍的综合素质和能力，确保各项措施的有效实施。

为了进一步推动江苏省跨境电子商务（简称"跨境电商"）的高质量发展，2021年初，省政府办公厅联合多部门制定了新的工作策略，明确提出了2022年和2025年的发展目标。该策略强调构建跨境电商的全方位发展框架，包括构建高效的载体平台、培育多元化的市场主体、促进业态模式的深度融合、提升贸易便利化水平，以及优化发展环境。

在平台构建方面，江苏计划建立一批服务完善的跨境电商产业园区，吸引和培育跨境电商孵化及服务中心，以强化跨境电商全产业链的服务能力。同时，江苏鼓励有实力的企业积极在海外布局公共仓，并推广"产业带＋跨境电商"的创新模式，助力传统外贸企业实现数字化转型。

在市场主体培育方面，江苏积极引进和培育跨境电商的龙头企业和服务企业，鼓励企业利用跨境电商平台或自建平台承接出口订单，并发展以海外仓为支撑的新型备货模式。此外，积极支持综保区内企业开展跨境电商业务，并推动跨境电商与其他新业态的融合发展。

为了进一步推动跨境电商的发展，江苏省商务厅等相关部门于2023年11月出台了新的行动计划，即《江苏省推进跨境电商高质量发展行动计划（2023—2025年）》。该计划旨在到2025年，打造多个具有鲜明特色的跨境电商产业带，建设一批高水平的跨境电商产业园，并培育一批具有国际竞争力的跨境电商企业。同时，还将重点建设公共海外仓，并培育具有国际影响力的跨境电商出口品牌。

为了实现这些目标，江苏将加大对国内外跨境电商头部企业的吸引力，引进具有强大影响力和带动能力的企业，在江苏设立各类功能中心，发展跨境电商总部经济。同时，鼓励传统外贸企业利用跨境电商平台拓展国际市场，并推动各地建立跨境电商公共服务中心和孵化基地，为中小微企业提供更多的发展机会。

在跨境电商载体建设方面，江苏积极推动全省跨境电商综合试验区实现差异化发展，与自贸试验区、综合保税区等开放平台实现紧密合作，以强化资源整合和政策叠加效应，共同推动跨境电商的高质量发展。

为了深化"产业带＋跨境电商"的融合发展，新的行动计划特别强调了针对新能源、汽车零配件、轻工纺织、机械设备、智能家电、建材家居等具有显著优势的产业集群和外贸转型升级基地的聚焦策略。计划提出构建合作平台，积极与跨境电商的头部平台和服务商进行对接，旨在树立产业带发展的标杆企业，并激励传统制造企业积极"出海"，开拓国际市场。

在跨境电商自主品牌"出海"方面，新的行动计划明确支持跨境电商企业加强品牌意识，鼓励他们进行境外商标注册、国际认证申请，以及境内外专利的申请工作。同时，鼓励这些企业积极开展品牌的全球推广活动，以增强其品牌的国际影响力和市场竞争力，进而扩大自主品牌的出口规模。

二、江苏省跨境电商产业发展概况的实证调研

本研究针对苏南、苏中和苏北各地级市主管电商相关部门以及有关企业开展了问卷调研，主要结果如下。

1. 所在区域从事跨境电商的企业数量

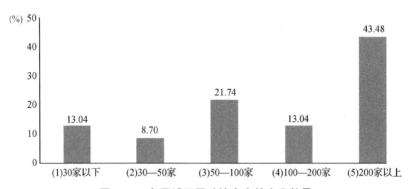

图 8-1　各区域开展跨境电商的企业数量

从问卷情况来看，因区域差异，各地区有所不同，较为集中的数量为 50—200 家以上。表明江苏省各地区已经有一批企业从事跨境电商业务，跨境电商产业正处于快速发展期和增长期。

2. 相关区域企业的营收总规模

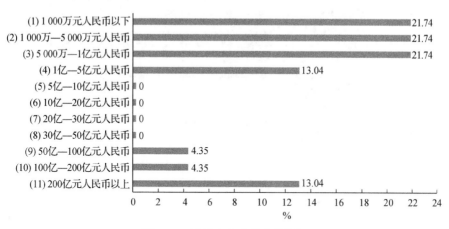

图 8-2　跨境电商企业营收情况

从统计数据来看，大部分企业为营收集中在 1 000 万—1 亿元人民币，部分发达地区营收也有在 200 亿元以上，表明龙头企业还相对较少，大部分为中小微企业。

3. 所在区域龙头企业占比

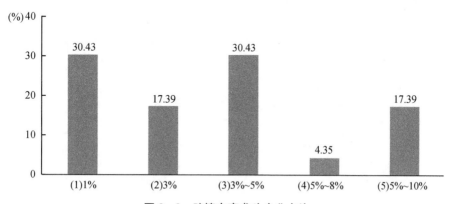

图 8-3　跨境电商龙头企业占比

从统计数据来看，龙头企业占比较小，基本维持在 1%—5%，表明各地区产业集中度和企业集中度还不足，仍有较大的提升空间。

4. 跨境电商涉及的主要产业

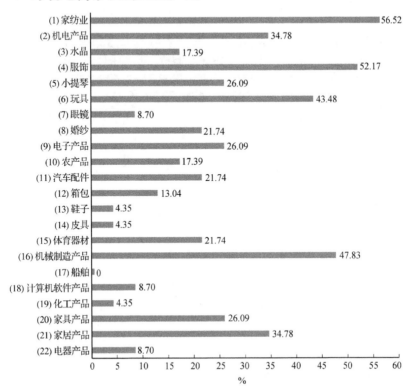

图 8-4 跨境电商所涉及的主要产业

从统计数据来看，跨境电商涉及的产品门类较多，主要产业包括家纺、服饰、机械制造、玩具、家居产品等，基本覆盖了江苏主流的制造业和工业产品。

5. 企业开展跨境电商所使用的平台类型

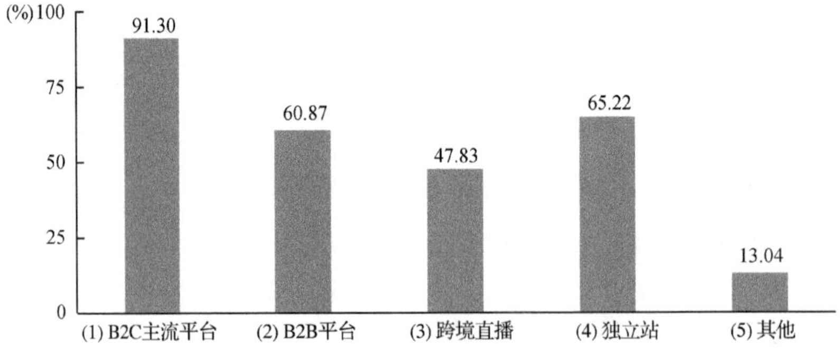

图 8-5 跨境电商企业所使用平台情况

从统计数据来看,主要为 B2C 主流平台、独立站、B2B 平台和跨境直播等。

6. 企业外销的市场

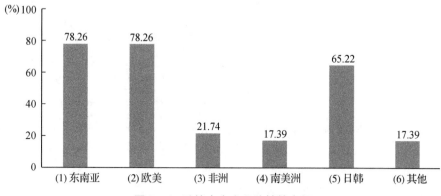

图 8-6 跨境电商企业外销的市场

从统计数据来看,企业开展外销的市场主要包括东南亚、欧美、日韩等,可见"一带一路"沿线国家的市场仍然有待开发,南美等新兴市场还有待深入触及。

7. 所在区域开展跨境电商的动因和优势

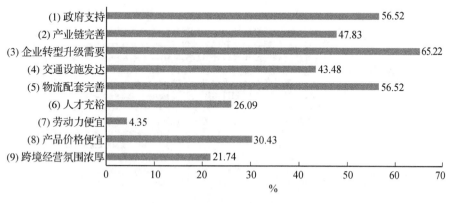

图 8-7 开展跨境电商的因素

从统计数据来看,企业开展跨境电商的主要因素包括为企业转型升级、政府支持、物流配套完善、产业链完善和交通设施发达等。

8. 企业开展跨境电商所遇到的主要困难

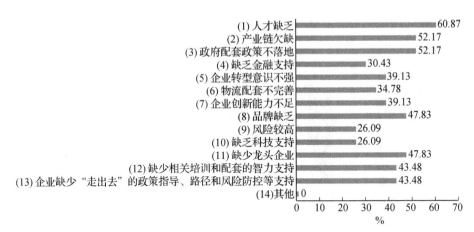

图 8-8 企业开展跨境电商面临的困难

从统计数据来看，企业开展跨境电商所遇到的主要困难包括人才缺乏，产业链欠缺，政府配套政策不落地，品牌缺乏，缺少龙头企业，缺少相关培训和配套的智力支持，企业缺少"走出去"的政策指导、路径和风险防控等支持等。

9. 政府部门应给与的支持

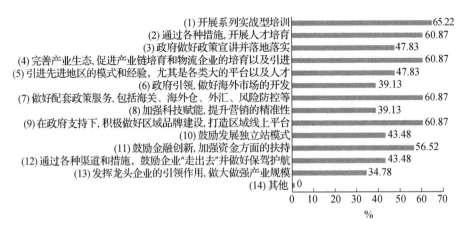

图 8-9 政府部门应给予的支持

第八章　江苏省跨境电商产业发展的现状及问题

从问卷情况来看，政府应给予的支持包括开展实战型培训、人才培育、完善产业生态、促进产业链培育和物流企业培育以及引进、做好政策服务，包括海关、海外仓、外汇、风险防控等，做好区域品牌建设，打造区域线上平台，鼓励金融创新，加强资金方面的扶持，做好政策宣讲并落地落实，引进先进地区的模式和经验，尤其是各类平台及人才等。

通过以上实证调研，可以看出江苏的整体产业链较为完备，开展跨境电商的行业和企业正在蓬勃发展，企业自主动力较强，意识和理念也较为先进。但是也面临着诸多困难和挑战，包括龙头企业占比较少、人才供给不足，企业普遍缺少培训，缺少优质供应链、物流配套、政策支持、资金配套、风险防控意识等，同时在品牌建设方面普遍不足，政府在生态建设方面也亟须完善等。在市场方面，江苏的企业普遍比较重视欧美和日韩等传统发达国家市场，"一带一路"沿线国家市场亟须开拓与完善。

三、江苏省跨境电商产业发展的主要问题

1. 产业规划与布局错位

江苏跨境电商产业虽在全国综合竞争力中名列前茅，但规模上仅处于前十水平。目前，南京、苏州和连云港3个自贸区在跨境电商领域缺乏统一规划，各自为政的现象较为突出。各市以自身为单位进行规划，将电商、物流等融入自贸区发展策略，而自贸区间的相互沟通与协同合作相对较少，缺乏统一的跨境电商战略规划。这种局面导致在出口产品、进口商品及物流规划等方面难以统一，不仅影响三地间的合作效率，还可能引发全省在跨境进出口方面的竞争，未能实现资源的合理配置。

尽管江苏拥有发达的工业体系和众多出口拳头产品，但与浙江义乌等特色鲜明的产业相比，其跨境电商出口商品显得较为杂乱，缺乏明显的特色。因此，在全省产业发展规划的基础上，应精心挑选并重点支持一些具

有特色的跨境电商产品，如电子科技产品、纺织品、服装和机械产品等，通过建立跨境电商产品库，以提升产品的辨识度和市场竞争力。

江苏跨境电商市场主体快速增长，但在整体氛围、主体实力、创新活力等方面与先进地区仍有差距。如跨境电子商务平台较小，没有领军类平台和头部公司，物流、金融、供应链等跨境电商配套服务尚不完善，人才严重缺乏等。

2. 经营主体活跃度不高，龙头企业较少

（1）江苏还普遍缺少领军型的企业，虽然已经有了焦点科技、苏豪云商等跨境电商企业，但是在经营规模方面与广东的企业相比差距较大，不是一个重量级。

（2）相关的配套服务能力较弱，产业聚集效应还没有出现，产业链、供应链不长。

（3）从事跨境电商的产业人才高度缺乏。江苏的高校虽然众多，但是开设跨境电商专业的学校，尤其是本科院校不多，学生毕业后从事跨境电商的数量也不多，大多数企业往往通过自身培养或抢挖其他企业的人才的方式来发展跨境电商。对于苏北、苏中或者县级以下的产业带，跨境电商人才更是奇缺，无法契合跨境电商产业发展的迫切需求。

（4）企业发展跨境电商、开展数字化转型的意识有待提升，企业通过科技赋能，实现海外数字营销的能力普遍较弱，普遍缺乏技术平台支撑，在选品、平台运营、数据分析、品牌建设等方面都没有实现数字化转型；跨境电商与产业的融合不够紧密，对传统贸易、优势产业的渗透率相对较低；省内跨境电商平台较少，缺乏领军型平台和头部平台企业；物流、金融、供应链等跨境电商配套服务尚不完善等。

江苏省中小民营企业的自身定位不明确，其跨境出口商品种类繁多，且缺乏明确品类。江苏省的制造业资源优势突出，无论是在服装、轻纺等传统制造业，还是在软件、芯片等高新科技行业，发展水平均处于世界前列。但是由于商品同质化和品牌建设落后等因素，导致江苏省制造业出现低质廉价现象，品牌化发展亟须提升。江苏也缺少适用区域一体化的发展平台。

3. 产业生态功能不完善

江苏省在跨境电商领域的发展相较于广东、上海和浙江尚显逊色。

（1）跨境电商氛围不够热烈，缺乏国内外大型平台的入驻和企业的积极参与，特别是"一带一路"及南美等新兴市场的开拓动力明显不足，缺乏明确的拓展路径。

（2）江苏的企业规模普遍偏小，特别是在产业类目和海外仓建设方面，与先进省份存在显著差距。以海外仓为例，江苏仅有200多个，而浙江已达600多个，广东则拥有更多，并且建立了完善的全球跨境电商服务体系。

（3）江苏在跨境电商平台的发展上也存在不足。线上和线下平台的结合是跨境电商成功的关键，但江苏在此方面尚未形成强大的竞争力。线上平台如苏宁易购国际虽有一定影响力，但排名尚需提升；线下平台则缺乏如义乌这样的全国知名商品集散中心。

（4）江苏地理位置偏东，使得中欧班列成为其向中亚及欧洲出口的一大挑战。与郑州、重庆、成都等地相比，江苏的中欧班列在成本和物流时间上均处于劣势，这影响了其跨境电商在欧洲市场的整体表现。

（5）江苏在面向东盟和"一带一路"沿线国家的跨境出口量也较低，这主要归因于缺乏高效的航空物流和铁路运输线路。截至2023年，江苏企业的跨境出口市场仍主要集中在欧美和日韩等传统市场，对B2C跨境市场的重视程度不足，对"一带一路"沿线国家的市场开发能力有待提升。在海外仓的布局上，虽然全省有70多家企业运营了200多个海外仓，但其中五成位于美国，三成位于欧洲，分布相对集中。

4. 数字科技赋能能力不足

江苏的企业与亚马逊、阿里巴巴等重点平台的合作还不够深入，在开展"出口基地线上拓展行动"上成效还不显著，以徐工电商等跨境电商B2B平台的引领作用发挥还不够，无法做到精准营销和引流推广。"江苏优品·畅行全球"品牌还很薄弱，"江苏优品·数贸全球"公共服务云平台建设还不完善，无法为跨境电商企业提供线上线下融合的一站式服务。很多小微跨境电商企业亟须科技赋能，实现产品研发、品牌打造、智慧供应链、数据运营、精准营销、智慧仓储和智慧海关的升级。江苏的跨境电商企业对于海外市场数字化营销能力还普遍较弱，在品牌数字化建设方面还处于起步阶段，对于新兴的产业形态比如跨境电商直播还未能给予充分重视；在知识产权保护、对接国际标准、获得国际认证、注册国际品牌等方面还不完善。江苏的跨境电商企业要按照更高标准参与国际竞争，有效实现企业数字化转型是当务之急。

第九章

跨境电商产业先进省市地区的发展经验

一、广东省跨境电商发展经验

广东省在跨境电商领域一直保持全国第一,实现了21个地级市跨境电商综试区的全覆盖,数量位居全国之首。这一成就的背后,是跨境电商产业园区的建设起到了关键作用。这些产业园区整合了货源、平台、仓库、物流等资源,通过信息化手段提高了跨境电商的经营效率,并简化了通关流程,降低了成本。

从企业规模来看,截至2022年,广东省的跨境电商企业以中小型企业为主,注册资本主要集中在100万至200万之间,占比超过57%。然而,这些企业在数量上的优势使得广东省跨境电商产业规模迅速扩大。据广东省商务厅数据显示,从2015年至2022年,广东跨境电商进出口总额从148亿元增长到6 454亿元,年均增速高达72%,占全国总量的31%。

广州作为广东省的跨境电商重镇,自2013年获批国家跨境电子商务服务试点城市以来,一直走在行业前列。广州打造的全球跨境电商卖家服务中心、超级供应链中心、生态创新中心"三大中心"为跨境电商的发展提供了强有力的支持。其目标是培育出10家以上50亿级跨境电商综合服务企业,使广州成为中国跨境电商的高地。

广州在跨境电商领域的创新实践也颇具特色。它率先打造了全国首个跨境电商公共分拨中心,并开创了"空铁联运"的跨境电商出口新模式。这些创新措施使得广州市的跨境电商进出口规模在2014年至2022年间增长93倍,2022年达到1 375.9亿元。白云机场口岸和南沙口岸的跨境电商进出口交易额均突破了千亿元大关。

广东的成功经验值得其他地区学习和借鉴,其产业园区建设、企业规模优化以及创新实践等方面都为跨境电商的发展提供了宝贵的经验。

(一)产业生态优势

(1)产业带聚集。广东省拥有41个工业大类中的35个,从传统产业到高端装备、生物医药门类齐全。作为全国跨境电商数量最多的地区,广东建立了以广州、深圳两大核心城市，东莞、珠海、佛山等珠三角七市为关键支撑的产业体系。

（2）广东拥有通达全球的交通优势，拥有多个客货吞吐量排名全国乃至全球前列的航空港、海港、铁路枢纽。因为高效的物流体系，到2025年基本能够实现货物省内1天送达、国内及东南亚主要城市2天送达、全球主要城市3天送达的目标。

（3）交通区位优势明显，比如广州市是全国少有的拥有"海、陆、空"3个综合保税区的一线城市，有良好港口条件的南沙综合保税区、产业发达的黄埔综合保税区和白云机场综合保税区。3个综合保税区地理位置优越，产业配套齐全，海港、陆港、空港物流发达，为跨境电商的发展提供了良好的物流基础。

（4）国际交易中心的聚集优势。以广州为例，2023年，全球跨境电商超级供应链中心、全球跨境电商卖家服务中心、全球跨境电商生态创新中心等均落户广州。

（5）国际合作平台的推动作用。广州拥有中国进出口商品交易会（广交会）、中国跨境电商交易会（秋季）展会、中国（广州）国际建筑装饰博览会、中国国际医疗器械博览会、中国（广州）国际家具博览会、中国国际智能制造展览会、广州国际汽车展览会、广州国际照明展览会、中国国际纺织面料及辅料博览会等，极大地推动了产业生态的构建与发展。

（6）粤港澳大湾区建设助推了广东跨境电商发展。

（7）抢抓《区域全面经济伙伴关系协定》（Regional Comprehensive Economic Partnership，RCEP）的政策优势。2021年，广东率先出台全国首个RCEP跨境电商专项政策《广州市把握RCEP机遇促进跨境电子商务创新发展的若干措施》，推出5大方面25条创新措施，极大推动了对东盟自贸区的贸易往来。

（二）产业政策与生态构建

1. 产业政策

广东省先后实施了"贸易高质量发展十大工程"，重点发展跨境电商产业，同时又颁布了《关于推进跨境电商高质量发展的若干政策措施》，包含了多条举措：

（1）培育跨境电商龙头企业，建立跨境电商政企对话直通车制度，落实领导挂点联系跨境电商龙头企业机制，及时帮助企业解决问题。

（2）加强跨境电商产业园区建设，制定跨境电商产业园区建设标准，园区重点引入报关清关、支付结算、税务保险、软件开发、大数据分析等服务型企业，建强跨境电商产业生态，为跨境电商发展提供一站式服务。

（3）开展"产业集群＋跨境电商"试点。鼓励企业开展自主品牌境外商标注册和国际认证，支持企业建设跨境电商供应链数字化协同平台。支持跨境电商出口企业与境外各大社交媒体、搜索引擎加强合作，开展跨境电商出口直播和数字营销业务。

（4）提升仓储物流效率，将仓储用地纳入国土空间规划，为跨境电商配套建设相应基础设施。实施"快递出海"工程，支持企业建立信息共享平台，提升物流效率。鼓励企业布局国际分拨网，提高分拨配送效率。

（5）支持跨境电商海外仓建设。鼓励企业在"一带一路"沿线国家和地区、RCEP 成员国开展海外仓建设，扩大欧美市场海外仓布局。支持海外仓企业研发智能仓储技术、拓展航空货运业务，为符合条件的企业提供融资服务。

（6）提高跨境电商通关便利化水平。发展"海陆空铁"多式联运，保税备货模式下实行"两步申报""先放行入区后理货确认"等措施，提高业务办理效率，同时完善跨境电商零售出口退货机制。

（7）优化跨境电商税收政策，引导企业用好跨境电商税收政策，积极推动完善跨境电商 B2B 出口税收政策，为企业提供涉税辅导个性化服务。

（8）加强对跨境电商企业的金融支持。鼓励金融机构开发针对跨境电商企业的创新型信贷产品，缓解企业融资难问题。

（9）引进培育高层次跨境电商人才。将跨境电商人才纳入当地人才政策支持范围，建立跨境电商专家团队，与高校、企业合作培养跨境电商人才。

（10）提高跨境电商企业海外风险防范能力。开发支持跨境电商出口的保险产品新模式，帮助企业降低出口风险，提高企业防范境外经营风险的能力。

2. 生态构建

（1）加速政务服务数字化转型。广东省政府正致力于加速政务服务数字化转型，通过"互联网＋政务服务"模式，优化政务流程，提高服务效率。同时，政府积极推动跨境电商配套政策的创新，确保信息互通、监管互认、执法互助，为跨境电商企业创造更加便捷、高效的营商环境。

（2）打造国际化商业交流平台。为了提升广东省跨境电商的国际影响力，政府和企业共同举办了一系列商品交易会议和高峰论坛，如中国（广州）国际跨境电商博览会。这些活动不仅吸引了全球目光，还为广东省的跨境电商企业提供了展示实力、拓展市场的宝贵机会。

（3）构建线上数字贸易生态。广东省积极建设"广东国际贸易数字博览馆"等线上展会平台，为企业提供云参展、云洽谈、云对接、云签约等全方位服务。这种线上线下的融合模式，不仅突破了地理限制，还推动了广东外贸企业向云端经济、宅经济等新消费业态转型。

（4）积极拓展海外市场。广东省充分利用海外粤商会等资源，成功在海外打造了广东商品展销中心。通过长期展览与定期特展相结合的方式，结合线上电商、线下展销中心和海外仓等多种模式，广东省的跨境电商企业能够更加便捷地拓展海外市场。

（5）强化风险防控体系建设。为了帮助企业识别和防范合规风险，广东省举办了国际化经营合规培训和风险排查活动。这些活动不仅提高了企业的法律意识和风险防范能力，还为企业海外维权提供了有力支持。

（6）搭建全球经贸服务网络。广东省借助广东国际商会及海外粤商会、境外经贸代表处等平台，构建了覆盖全球的经贸服务网络。通过广东国际贸易数字博览馆、境外展销中心等渠道，广东省为跨境电商企业提供了优质的对接平台，促进了全球经贸的繁荣发展。

（三）城市案例：深圳市跨境电商发展经验

深圳，这座充满活力的城市，在跨境电商领域再次展现出其强大的实力。2023年，深圳跨境电商进出口总额突破3 000亿元大关，同比增长高达75.2%，再次刷新了历史纪录。深圳的跨境电商出口企业数量已超15

万家，占全国总量的半壁江山，其中在亚马逊平台上的中国卖家更是占据了超过 1/3 的份额。

深圳在跨境电商领域的领先地位得益于其完善的产业生态。这里拥有 6 家国家级电子商务示范企业、5 个国家级电子商务示范基地、7 家省级跨境电商企业。不仅如此，深圳还有多达 10 家的跨境电商上市企业，数量在全国独占鳌头。同时，深圳还拥有超过 100 个独立站和超过 350 个海外仓，其建设面积更是超过 380 万平方米，为跨境电商的发展提供了强有力的支撑。在物流建设方面，深圳同样走在了全国前列。通过海、空、铁等多式联运方式，深圳已经建立起通达全球的物流网络。深圳机场的全货机航点已达 59 个，覆盖了全球各大洲的主要城市。同时，深圳港也开通了 24 条跨境电商海上快线，深圳"湾区号"中欧班列更是开通了 18 条出口线路，连接了欧洲及亚洲的 41 个国家。

为了进一步优化跨境电商的营商环境，深圳在全国率先实施了集约审单、审单快放等便利化改革措施。这些措施使得超过 90% 的跨境电商包裹能够实现自动放行，大大提高了通关效率。此外，深圳还拥有 16 个"海陆空铁"各类货运口岸和 11 个开展跨境电商业务的海关监管场所及保税区域。其中，前海跨境贸易物流监管中心是全国最大的跨境电商监管中心，年均处理包裹量超过 3 亿件，年处理货物吞吐量可达 100 万吨以上，连续 3 年在全国的跨境电商进出口货值中排名第一。

深圳的跨境电商产业生态不仅吸引了国内众多企业的关注，还吸引了东南亚 Shopee、俄罗斯 OZON、非洲 Jumia 等跨国电商平台总部的入驻。这些平台的入驻进一步推动了深圳跨境电商产业的发展，为深圳乃至全球的跨境电商领域注入了新的活力。

2024 年 2 月，深圳发布《深圳市推动外贸稳规模稳份额稳增长工作措施》（简称《措施》）。《措施》聚焦促进产业贸易紧密联动、持续优化进口商品结构、加快培育新业态新模式、支持内外供需高效对接、提升外贸基础设施功能、加大财政金融支持力度、优化跨境贸易营商环境 7 个方面，提出 24 条具体措施。24 条具体措施包括：加大重点产业集群和专精特新"小巨人"企业的金融支持，协助其进行海外市场拓展；加快推动产供销一体化，推动行业领军型企业在深圳落地；稳定提升加工贸易，积极服务好加工贸易企业及其产业链、供应链关键环节有关的企业；在用地、用电、用工、产业政策、进出口通关等方面做好服务工作；积极支持汽车出口产业，支持企业加强技术创新，完善国际服务营销体系，扩大汽车整车和零部件出口，建设全球汽车销售和出口中心等。

在持续优化进口商品结构方面，《措施》提出了增强进口平台支撑、培育引进高能级进口主体、加快能源类商品进口、支持金属及相关矿产资源进口等措施。在加快培育新业态、新模式方面，为了促进外贸的繁荣与转型升级，新出台的《措施》聚焦于以下几个核心策略：强化"跨境电商＋产业带"的深度融合，拓宽跨境电商零售出口的阳光化路径，扩大试点范围，确保合规与效率并重；优化海外仓布局，创新市场采购贸易模式，特别是针对眼镜、家具、钟表等传统强项产业，推动其通过市场采购贸易渠道加速出海；积极开拓离岸贸易新领域，深化深港离岸贸易合作，以前海为平台，构建离岸贸易综合服务体系，为外贸企业探索新增长点。在供需对接方面，《措施》鼓励企业积极参与国内外经贸交流活动，利用深圳展品海外展示交易中心等平台，提升品牌国际影响力，同时加大对参展及办展活动的支持力度。此外，为提升外贸基础设施效能，《措施》提出加密深圳港直通全球主要市场航线，增强汽车滚装运输能力，并增加"湾区号"中欧班列频次，以更高效的物流体系支撑外贸发展。同时，优化通关监管流程，增设冷链查验平台，确保货物快速通关且安全无忧。在政策支持上，《措施》明确将加大财政金融扶持力度，优化跨境贸易营商环境，强化涉外经贸风险防控，并推动贸易数字化进程，以科技赋能外贸，实现高质量发展。深圳的跨境电商之所以发展如此之快，主要归因于以下经验和措施：

（1）建立了专属的"海运快线"，直接连接海外重要码头，并利用智能化技术加速通关流程。针对跨境电商出口的特点，如小件商品、大批量等，引入邮件自主申报、智能轨迹追踪，以及智能场站建设等项目，以构建更为高效的监管体系。

（2）构建了"全球中心仓"，结合前海新物流模式中的"多国集拼"概念，实现海运、陆运和空运的灵活组合，形成跨境电商从采购、展示、销售到退货的完整生态链。

（3）为了支持企业更好地"走出去"，打造了跨境电商供应链生态圈，涵盖全球货源集采、空港集散，以及多式联运等关键环节。

（4）打造多样化的物流路径，包括"中欧班列""海上邮路""空中通道"等，以满足不同企业和商品的运输需求。

（5）在跨境电商平台上，鼓励卖家与平台共同开拓海外市场，通过建立国际跨境电商综合平台，为企业提供一站式的仓储、物流、技术、人才等解决方案。

（6）提供资金扶持，鼓励商协会、社会团体及企业在跨境电商领域开展物流、支付、统计、供应链和诚信等方面的标准制定与应用。

（7）在跨境直播领域，实施主播分级分类管理，并建立主播资格认证体系，以明确主播的责任。同时，打造高端直播产业展会，比如"全球直播电商展"和"国际直播电商购物节"，推动深圳成为全球数字直播电商中心，吸引更多的头部直播机构和MCN机构落户深圳，共同构建健康的直播电商生态。

二、浙江省跨境电商发展经验

浙江省在跨境电子商务领域持续领跑全国，增长速度迅猛，规模位居前列。《浙江省加力推动跨境电商高质量发展行动计划（2024—2027年）》提出，计划新增跨境电商应用主体5 000家以上，建立梯度培育库，引育交易额超10亿元的龙头企业80家以上、年交易额超1亿元的卖家1 000家以上。

（一）浙江跨境电商特色

1. 模式与产品多样化

浙江的跨境电商企业展现出多元化的运作特点。多数出口型跨境电商企业采用B2C模式，直接面向消费者，利用eBay、速卖通、亚马逊等平台进行销售，并通过邮政小包、快递等方式进行配送，以及用paypal、escrow等在线支付工具进行结算。超过80%的电商企业实现了多平台全网营销，部分大型企业更是自建销售平台。产品种类丰富，涵盖服装、饰品、箱包、鞋类、汽摩配件及家电等多个领域，充分展现了浙江省传统优势产业的实力。同时，销售区域也呈现多元化，覆盖欧美、俄罗斯、南美、中东等180多个国家和地区，实现了传统市场与新兴市场的并驾齐驱。

2. 产业链集聚与配套设施完善

凭借当地优越的电商发展环境和丰富的市场资源，特别是政府的积极扶持，杭州、宁波、义乌等地已成为浙江省跨境电子商务的领军地区。以宁波为例，2019年拥有9个跨境电商产业带，涵盖五金、户外、文具、纺织、小家电和家具用品等多个领域。自2012年宁波获批成为国家首批跨境电商进口试点城市以来，吸引了众多知名电商平台入驻，如天猫国际、考拉海购、京东、小红书等，均在宁波设立了跨境电商进口保税仓，总面积超过100万平方米。网易考拉总部的落户更是带动了当地更多龙头企业的培育及上下游产业链的完善。

3. 显著的政策利好推动

跨境电子商务的迅猛发展离不开改革政策的坚定支持与有效实施。特别值得一提的是，2015年3月12日，杭州荣幸地成为国家首批5个跨境电子商务试点城市中的佼佼者，进一步晋升为全国首个且唯一的跨境电子商务综合试验区。这一举措旨在深度解决跨境电子商务发展中遇到的根本性问题和体制性挑战，力求实现其自由化、便利化和规范化的全面发展，从而为全国其他地区提供值得借鉴和推广的宝贵经验。

4. 监管模式的创新与优化

针对杭州跨境电子商务的独特发展态势，杭州海关积极采取了一系列创新且人性化的监管措施。这些措施不仅为跨境电商的业务发展需求提供了更为直观和高效的通关便利，同时也为综合试验区的发展注入了新的活力，展示了海关在推动跨境电商健康发展中的重要作用。

（二）城市案例：杭州的跨境电商发展经验

自2015年杭州成为全国首个跨境电商试验区以来，其跨境电商业务实现了惊人的增长。从2014年的1.2亿元起步，至2022年进出口总额已飙升至1 203.33亿元，卖家数量也从最初的200余家激增到55 381家。杭州连续3轮获评国家服务贸易创新发展试点城市，证明了其在跨境电商领域的领先地位。

杭州的跨境电商生态日益完善，涵盖了跨境批发平台如阿里巴巴国际站，跨境零售平台如全球速卖通，以及深耕海外的电商平台Lazada、Daraz、Trendyol等。这些平台为全球近200个国家和地区的3 400万中小企业提供了强大的数字化支持，服务了超过3亿境外消费者。在业务模式上，杭州始终走在前列，是最早开展跨境电子商务"小包出口"、直邮进口、网购保税进口、跨境B2B出口、保税出口等业务试点的城市。杭州还率先探索了跨境电商退换货中心、"全球中心仓"、定点配送、"保税进口＋零售加工"等创新模式。在国际支付领域，杭州同样表现出色，汇聚了PingPong、连连支付、万里汇、珊瑚支付等头部跨境支付机构，为全国150万跨境电商卖家提供服务，占据全国七成跨境支付额。其中，蚂蚁集团万里汇在"丝路电商"国家的收款额实现了显著增长，珊瑚支付则成为东南亚地区首选的跨境收款平台。在人工智能领域，杭州也展现出了强大的实力，建立了包括阿里巴巴通义大模型家族、蚂蚁集团的贞仪、网易伏羲的玉言等在内的8个大模型，数量位居全国首位。同时，杭州还是国家区块链创新应用综合性试点城市，其代表应用之江链采用了区块链、隐私计算、安全风控等先进技术。

总结杭州的发展经验，可以归纳为"六链融合"的杭州经验。这包括激发创新链，完善跨境电商进出口退换货机制；提升产业链，实施跨境电商产业3年倍增计划；强化人才链，加大人才培育力度；优化服务链，实施"e揽全球 杭品出海"专项行动；畅通金融链，支持跨境支付机构申领全球牌照；升级政策链，培育市场主体，激发内生活力。

为了持续推动跨境电商的高质量发展，杭州在2023年发布了《关于加快推进跨境电子商务高质量发展的实施意见》。该意见强调加快传统外贸及制造业的数字化转型，对开展跨境电商业务的制造业给予资金支持。同时，杭州积极推进"暖心助企产业共富"系列举措，促进跨境电商及产业集群深度融合。此外，杭州还联合监管部门、跨境电商平台及服务商，组建政企服务小分队，深入产业带进行"点对点"服务，助力中小企业转型跨境电商。

第九章 跨境电商产业先进省市地区的发展经验

（三）城市案例：宁波跨境电商发展经验

宁波舟山港，作为宁波经济发展的重要支柱，不仅在传统贸易领域成绩斐然，更在跨境电商领域展现出强劲实力。其货物吞吐量连续15年蝉联全球首位，集装箱吞吐量亦稳居世界第三，充分证明了其作为全球物流枢纽的地位。

自2016年宁波获批跨境电子商务综合试验区以来，其在试验区建设、产业园发展、跨境生态构建以及政策制定等多个维度均取得了显著成效。这一努力在2023年商务部对跨境电商综合试验区的考核评估中得到了充分体现，宁波以优异成绩位列第一档，被评价为"成效明显"。宁波舟山港作为长江经济带的关键节点，不仅承担着大量的矿石和能源中转任务，更是国家战略物资的重要进口储备和集散中心，其中铁矿石中转量占全国的50%，油品中转量更是超过90%。

在跨境电商领域，宁波同样表现出色。其特殊区域出口海外仓业务量在全国范围内独占鳌头，占比接近1/3。此外，宁波市还拥有大量的海外仓资源，数量和面积均居全国前列，其中省级海外仓数量更是领跑全省。这些成绩充分展示了宁波在跨境电商领域的领先地位和综合实力。2022年，宁波机场首条第五航权货运航线顺利启航，宁波成为第五航权开放城市。2022年，宁波保税区连续第六年摘得全国跨境电商网购保税进口业务单个区域冠军。2022年，宁波上线"甬e通"国际贸易一站式服务平台，实现了国际贸易跨业务、跨部门、跨层级、跨区域、跨系统的一站式办理。"甬e通"集成通关、监管、贸易服务、数据分析、平台对接等六方面1 000余项功能，与国际贸易单一窗口、世贸通等外部平台实现互联互通。2022年，宁波国际邮件互换中心启用。这是全省规模最大的国际邮件处理场地，具备日均处理30万件的能力。

2022年，宁波完成外贸进出口总额1.27万亿元，同比增长6.3%。其中，出口额8 230.6亿元，同比增长8%；进口额4 440.7亿元，同比增长3.4%。2023年，宁波口岸进出口总额达2.4万亿元，其中出口额为1.74万亿元，进口额为6 614.7亿元。2023年，欧盟、美国、东盟保持宁波口岸前三位贸易伙伴地位。同期，宁波口岸对澳大利亚、墨西哥、阿联酋的进出口额同比分别增长10%、12%、13%。在海关总署《中国海关》杂志发布的2022年"中国外贸百强城市"榜单中，宁波位列全国第四，继续稳居浙江之首。

宁波在跨境电商方面的主要做法包括如下：

(1) 招大引强，加大主体引培力度。一方面，积极吸引阿里、亚马逊等国际电商平台到宁波建设区域中心，引导中小制造企业入驻平台，依托制造业优势，努力吸引深圳、广州等地跨境出口头部企业在宁波布局。对于引进的跨境电商龙头企业或重点项目，采取"一企一策""一事一议"等方式给予相应支持。另一方面，加大对本土跨境电商企业培育力度，鼓励传统中小型制造企业向跨境电商业务发展。在政策上，引导"先进制造业+"和"+跨境电商"并举，利用宁波出口商品网上展等渠道开拓国际市场。

(2) 强化协同，创新政策监管体系。一是加快高新技术企业认定；二是深化"智慧海关"建设，深入推进"提前申报""两步申报"等便捷通关模式改革；三是加强数据信息共享。

(3) 完善支撑，优化综合服务体系。一是加快跨境电商服务综合体建设，围绕跨境电商供应链服务，打造面向交易、支付、物流、通关、供应链金融等完善的服务配套体系；二是优化跨境电商人才服务体系，加大宁波跨境电商人才培养和引进力度，引进跨境电商高端创业和运营团队，进一步加大高校跨境电商相关学科和专业的支持力度，支持学校与企业合作开办"定制班""特色班"。

(4) 加强数字化发展。在推动数字化发展方面，宁波展现出了坚定的步伐和强大的实力。在数字化转型方面，宁波以"一县一业一案"为策略，依据《宁波市推进重点（细分）行业数字化改造工作方案（2022—2025年）》精准施策，全力推动重点行业的数字化转型升级。宁波在数字化转型方面表现出色，2023年成功入选全国首批中小企业数字化转型试点城市，为未来发展注入新活力。

(四) 城市案例：义乌跨境电商发展经验

2021年，义乌实现跨境电子商务交易额1 013.57亿元，同比增长

16.38%，其中跨境网络零售交易额 402.04 亿元，同比增长 16.53%。义乌市市场发展委统计数据显示，截至 2021 年 10 月，义乌跨境电商第三方平台账户超过 15 万。2022 年，义乌实现跨境电子商务交易额 1 083.5 亿元，同比增长 6.90%；2023 年上半年，义乌跨境电商交易额达 646.5 亿元，同比增长 12.92%。义务跨境电商发展的经验主要包括如下几点。

1. 跨境电商主体引育成果显著

义乌，作为跨境电商的繁荣高地，已经吸引了超过 14.5 万个第三方平台账户入驻，其外贸网商密度在全国位列第二。这里不仅汇聚了亚马逊、Shopee、Lazada、速卖通等全球知名的跨境电商平台，更在义乌实现了实质性的落地运营。

特别值得一提的是，亚马逊全球物流团队在义乌设立了服务中心，并建立了中国首个产业带集货运营中心，这一创新举措无疑为义乌的跨境电商产业注入了新的活力。同时，Shopee 和速卖通也在义乌设立了运营中心，实现了常态化运行，形成了与全球市场的紧密对接机制。为了进一步支持义乌的跨境电商发展，阿里国际站也针对义乌的产业带特色，特别上线了"义乌小商品产业带专区"，为义乌的小商品提供了更广阔的国际市场舞台。

2. 品牌培育提高网货供应优势

2021 年，义乌小商品城 Chinagoods 平台取得积极成效，创新"大数据选品＋一键刊登＋一件代发"零成本创业的跨境电商供应链服务。支持各类跨境电子商务经营主体打造优质出口品牌，鼓励企业开展自主品牌境外商标注册和国际认证，搭建独立站，借助社交媒体、搜索引擎、跨境直播等进行营销推广，提升品牌在国际市场的知名度和影响力，以品牌效应增强网货的市场竞争力。

3. 物流通道扩宽出海辐射范围

2021 年，"义新欧"中欧班列累计开行 1 900 余列，新增"中吉乌""义乌—万象""金华—莫斯科"等线路，创新"市场采购＋跨境电商＋国际快船"物流服务，实现电商海铁联运专列与船公司电商航运快线的无缝衔接。

4. 跨境电商发展要素不断完善

据义乌市人民政府 2024 年 4 月 23 日发布的信息，义乌已建成 29 家电商产业园，并接入使用。陆港电商小镇二期、公路港物流中心二期、红狮智慧物流园二期，正在积极招募跨境电商服务企业。

5. 跨境电商产业发展氛围良好

创新金银牌采购商人才队伍建设，2021 年举办各类跨境电商沙龙、论坛、峰会等。成功举办 2021 中国国际电子商务博览会暨数字贸易博览会。该博览会设有八大展区，有来自多个国家的在华企业代表和国内 19 个省市的 1 082 家企业参展。同期还举办了 2021 中国国际电子商务峰会、2021 世界数字贸易大会等活动。

三、河南省跨境电商发展经验

近年来，河南省跨境电商发展势头迅猛。2022 年，河南全省跨境电商进出口交易额 2 209.2 亿元（含快递包裹），同比增长 9.5%，出口 1 700.6 亿元，同比增长 15.3%。2023 年，全省跨境电商进出口交易额 2 371.2 亿元，同比增长 7.3%。河南连续成功举办 8 届全球跨境电商大会，提升了跨境电商综合试验区的国际形象和影响。河南国际贸易"单一窗口"模式快响应、零延时、秒通关，服务能级不断提升，运营效能全国领先。同时首创了 1210 网购保税进口模式，在全国复制推广，得到世界海关组织认可；创新开展了跨境电商零售进口药品试点；创新开展了跨境电商"网购保税＋线下自提"模式；创新推出了跨境电商零售进口退货中心仓模式，亚马逊、易贝、谷歌、阿里巴巴、京东、唯品会等纷纷落户郑州，UPS、DHL、联邦快递、菜鸟网络、顺丰等物流企业入驻，本土企业跨境电商业务发展迅速，致欧家居成为亚马逊在欧洲最大家居卖家，黎明重工、阿尔

第九章　跨境电商产业先进省市地区的发展经验

本制衣、启亿粮油、郑州锅炉、国立控股、荣盛耐材等快速增长，中大门物流、易通跨境、开元经贸、易赛诺等综合服务企业发展迅速。截至2023年，省级跨境电商示范园区达到36家；省级跨境电商人才培训暨企业孵化平台达到25个，建设了216个海外仓，开通了郑州至纽约、洛杉矶、比利时、马尼拉、曼谷等包机专线。29所院校开设跨境电商本科或专科专业。全省建设了十大跨境电商特色产业带，包括装备机械制造、铝制品加工、电线电缆和许昌假发等传统强势产业，还有鹿邑化妆刷、偃师鞋靴、新乡锂电池、开封流量计、郑州游乐装备等。

1. 河南跨境电商特色

河南跨境电商展现强劲活力，其进口业务覆盖44个国家和地区，以日本、韩国为主要货源地。消费群体以26—30岁的年轻人为主，且集中在经济繁荣和人口稠密的区域。进口商品主要集中在化妆品、母婴用品和保健品等，这些产品深受消费者喜爱。河南跨境电商零售退货率较低，仅为0.58%，质量风险极低，仅为万分之一。在出口方面，河南的传统商品如纺织、鞋帽、玩具和小电器等深受欧美市场欢迎，同时金砖国家的市场增长也极为迅猛。

郑州在跨境电商业务中展现出显著的成本和时效优势，进口成本平均每单比沿海城市低5.75元，且拥有48小时的时效优势，这成为其连续5年保持全国跨境电商业务量第一的关键。河南在跨境电商监管、平台服务和政策支持方面均走在全国前列。监管创新方面，河南建立了电子化闭环监管方式，并创新了跨境电子商务质量安全监控和追溯管理体系。服务平台方面，河南保税物流中心推出"前店后仓"模式和"保税网购＋秒通关"技术，实现了消费者快速自提货，极大提升了购物体验。此外，一区多功能服务模式有效降低了监管和操作成本。

政策方面，河南省政府高度重视跨境电商发展，连续9年将其纳入《政府工作报告》，并出台了一系列利好政策，其中包括跨境电商综合试验区扩容、增设监管代码等举措，为跨境电商的发展营造了良好的政策环境。此外，河南积极推进跨境电商零售进口药品试点工作，为消费者提供更多优质商品选择。2023年，"郑州—曼谷"跨境电商双循环货运包机航线的开通，进一步拓展了跨境电商的物流通道，有力推动了跨境电商的蓬勃发展。

2. 城市案例：郑州跨境电商发展经验

郑州在电子商务领域的发展兼具显著的历史优势与有力的政策引领。2010 年，郑州出台《郑州市电子商务发展实施意见》，由此抢占发展先机，为后续电子商务的蓬勃发展奠定了坚实的基础。2016 年，中国（郑州）跨境电子商务综合试验区获批设立。此后，河南省委、省政府明确将其作为推动"网上丝绸之路"建设的重要力量，积极推进其建设与发展。

2021 年，第五届全球跨境电子商务大会在郑州成功举办，大会以"买全球卖全球"为主题，成功促成了 50 个合作项目，总金额高达 186 亿元，这不仅彰显了郑州在跨境电商领域的实力，也为其构筑"网上丝绸之路"提供了对外展示的窗口。近年来，郑州新郑国际机场的跨境电商业务量增长势头强劲。特别是在 2023 年前 10 个月，跨境电商出口货运量突破 2 万吨，同比增长近九成。为了进一步提升跨境电商的物流处理能力，河南省机场集团于 2023 年 8 月正式启用郑州机场国际快件中心，该中心集多功能于一体，为国际进出口快件和跨境电商业务提供了强有力的支持。

郑州在跨境电商领域还首创了网购保税 1210 服务模式（B2B2C），该模式以 WTO 监管原理为基础，引入第三方作为风险主体责任人，实现了对经营者、代理商、产品的全面监管。此模式通过实施差异化监管，既确保了政府的有效监管和税收应收，又降低了企业的运营成本，同时为消费者提供了便捷的全球购物体验。除了 1210 郑州模式外，郑州还推出了"跨境 O2O 现场自提"模式，这一升级版模式在国内仅有郑州和南宁获批采用。该模式通过商家提前备货到保税中心，结合"关检三个一"和"跨境秒通关"等便利措施，实现了消费者在体验厅内快速拿到商品的目标，进一步提升了消费者的购物体验。

第十章

数字经济视域下江苏省跨境电商产业发展路径

数字经济正加速成为实现国民经济高质量发展的新引擎，是促进数字技术与实体经济深度融合的新媒介，促使传统外贸产业转型升级的新动能，以及实现民生服务智慧化、普惠化的新工具。经过前期的储能蓄力，依托国家级、省级外贸转型升级基地形成了跨境电商产业带。目前江苏省已初步形成了集政策支持、行业服务、创业孵化、培训交流等功能于一体的生态圈。

但在现阶段，江苏省跨境电商产业布局错位、市场主体活跃度不高、龙头企业缺位、生态功能不完善、数字科技赋能跨境电商能力不足等问题突出，严重制约了数字化和产业化的均衡发展。因此，抓住新一代信息技术发展的战略机遇，坚持实施创新驱动发展战略，以"数字产业化，产业数字化"为主线，探索发展数据驱动产业新方式，推进数字产业创新发展，推动跨境电商领域的数实融合发展成为当务之急。

一、做好顶层设计，持续推进，谋划高精度

1. 坚持综合改革、协同发展

应积极推动政府与市场、监管与服务、线上与线下、内贸与外贸，以及相关业态的有机融合。通过综合改革、集成创新，推动"关、检、税、汇"及商务、物流、金融等一体化发展，依托各综试区内跨境电商产业园区，打造跨境电子商务完整便利的生态圈。加大培育示范工作，进一步优化跨境电商产业布局，强化吸引集聚，持续完善跨境电商产业链、生态链。壮大育强龙头平台、企业，完善孵化、培训、仓储等跨境电商业务功能。据《江苏省推进跨境电商高质量发展行动计划（2023—2025年）》，江苏省力争到2025年建设跨境电商产业园120个以上，入驻企业6 000家以上。

2. 坚持突出重点，循序渐进

应发挥市场在资源配置中的决定性作用，以企业实际需求为导向，完善政策法规，优化监管服务，合理配置公共资源，引导整合市场力量，激

发企业参与综合试验区建设的主动性和创造性。加强试点过程把控，及时进行成果评估，有序有效推动综合试验区建设发展。通过持续扩容升级能够满足跨境电商全业态模式的跨境电商综合试验区的公共服务平台，提升便利化、多样化业务申报渠道，完善有效监管，探索提供跨境电商全链条、一站式公共服务支持。

3. 坚持安全与发展并重，推动行业健康发展

应健全相关法律规范体系。在推进数据治理与立法的道路上，应稳步前行，致力于构建完善的数据产权制度体系。同时，需细化数据安全与个人信息保护的标准与规范，确保新技术、新业态下的知识产权得到有效保护，并强化国家安全体系和能力建设。为实现这一目标，首要任务是构建高端产品链，全面提升大数据产品的整体质量和竞争力。其次，应积极创新优质服务链，探索大数据服务的新模式与新业态，培育并扶持一批优质的大数据服务提供商。此外，还需优化并延伸行业价值链，专注于开发专业化的场景化大数据解决方案，并推动制造业在数字化转型中探索新的发展模式与业态。在此过程中，加快行业大数据平台的建设显得尤为重要。应致力于打造成熟且实用的行业应用场景，促进大数据与各行业各领域的深度融合，从而激发数据潜能，推动经济社会的高质量发展。

4. 发展新质生产力，整合人才、技术资源

知识科技型人才是新质生产力的核心，也是数字经济的重要力量。应积极发挥江苏高等院校和科研院所云集的优势，借力文教资源，加大数字经济领域和跨境电商人才的培育、选拔。鼓励各大高校探索建立相应的人才培养机制，实现产学研相统一。

5. 金融支持和创新

应鼓励天使投资基金、海内外风投公司等支持优质项目。引导金融机构与跨境电商平台合作，开展供应链金融、商业保理等服务，推进线上融资方式及担保方式创新，开展双向资金池业务。建立完善统保平台，扩大出口信用保险融资规模，支持保险机构为跨境电商企业提供信用保险服

务，加强银保合作，创新融资服务。

6. 完善基础设施，加大基础设施建设投入，提高通关效率

要优化物流、信息流通道，降低企业运营成本，为跨境电商发展提供有力支撑。尤其是要增加中欧班列，扩大省内主要机场的国际航线，落实相关政策补贴，推进跨境物流产业聚集，形成跨境电商发展的物流生态布局。实现江、海、空、铁联运的多极格局。

二、形成江苏省"两极""四带""一廊""多组团"跨境产业格局

1. 两极

江苏跨境产业格局中的"两极"通常指的是南京和苏州，它们是江苏跨境产业发展的两大核心增长极，在跨境电商等跨境产业领域发挥着引领、带动和支撑作用。

作为省会城市，南京拥有丰富的高校和科研资源，能够为跨境产业发展提供大量高素质专业人才与先进技术的支持。其金融、商贸、物流等现代服务业发达，为跨境电商企业的资金融通、贸易便利化、物流配送等提供有力保障。同时，南京还是全国重要的交通枢纽，禄口国际机场航线众多，便利的交通条件有利于跨境货物的快速运输和人员往来。

苏州是我国重要的制造业基地之一，在电子信息、机械制造、化工、纺织服装等传统制造业领域实力雄厚，为跨境电商提供了丰富的产品资源。近年来，苏州积极推动产业升级，大力发展生物医药、新能源、新材料等新兴产业，进一步拓展了跨境产业的发展空间。此外，苏州外向型经济发达，与全球众多国家和地区建立了紧密的贸易合作关系，拥有众多国家级经济技术开发区、高新技术产业开发区和海关特殊监管区，为跨境产业发展提供了良好的政策环境和平台支持。

2. 四带

以南京为中心向外辐射,形成沪宁合、沿江、宁淮宣、宁杭滁 4 条发展带。其中,沪宁合发展带,创新资源密集,科研能力突出,转型创新明显,势必带动跨境电商产业的跨越式发展。例如,合肥是中国最大的家电产业聚集地,通过以南京外口岸对外出口,可以加速南京跨境电商辐射能力的形成与升级。南京有众多的外资企业,有大量的产品出口需求,通过资源整合,为南京及周边的外企提供跨境出海的新路径。

3. 一廊

在江苏纵横贯通的大"十字"交通网络中,以南京为节点枢纽,打通南北走向的产业对接,面向苏中、苏北产业及跨境企业,实施牵引,形成工厂在苏北,运营在南京的发展格局。在区域互补、跨江融合、南北联动的经济发展大格局之下,苏北产业承接与特色发展已取得长足进展。其中,通过农村电商、特色小镇、"一村一品"打造,形成了南通家纺、沙集家具、黄桥小提琴等众多特色产业。在转型升级过程中,向南京靠拢,走品牌化、国际化之路,必将成为一个重要发展路径。

4. 多组团

组团指县城、重点镇的特色化、专业化发展(数商兴农,进口销售,消费升级),通过跨境电商带动农村电商的升级转型(产业带出口),助力乡村振兴。积极发展"跨境电商＋产业带"模式,带动跨境电商企业对企业出口。加快出台跨境电商知识产权保护指南,引导跨境电商企业防范知识产权风险。建设跨境电商综合试验区线上综合服务平台并发挥好其作用,指导企业用好跨境电商零售出口相关税收政策措施。持续完善跨境电商综合试验区考核评估机制,做好评估结果应用,充分发挥优秀试点示范引领作用。

三、以跨境电商综合试验区建设为抓手,形成数字生态圈

2022年,江苏省13个设区市全部获批跨境电商综合试验区。新增扬州、镇江、泰州3市,在试点要求上有两大侧重点:一是注重跨境电商对传统产业转型升级的作用,利用数字赋能助力传统产业转型升级,促进产业数字化发展;二是从稳外贸稳外资的角度出发,利用外贸新业态打造外贸增长引擎,促进稳住外贸外资基本盘和外贸高质量发展。

因此,必须以综合试验区为抓手,不断打造平台载体,持续优化各试点城市的功能布局,提升发展层级,打造现代服务业集聚区。

(1) 加强产业载体基础设施数字化改造,配套线上线下结合的服务平台,提升规模化、数智化运营能力。以跨境电商产业园为重点,鼓励采购、第三方平台、代运营、创意、摄影、推广、培训、邮政快递等相关专业配套服务发展,延伸产业链,做大产业规模,增强产业园对跨境电子商务企业的吸引力。

(2) 打造跨境电商创业孵化基地。鼓励有条件的区域规划改造现有载体,继续打造一批跨境电商创业孵化基地,吸引跨境电商相关专业服务企业落户,完善配套服务产业链,形成集孵化、研发、运营、客服、设计于一体的综合服务载体。

(3) 加强跨境电商物流体系建设。发挥江苏省国际性综合交通枢纽优势,联通对接国内外物流节点,适时有针对性地增开国际航班,加密国际货运航班,推动中欧班列参与跨境电商发展,加快推进海外仓建设,实现服务本地化。

四、以后发优势实现突破,大力培植运营主体

1. "滴灌式"精准扶持,支持新兴产业从事跨境电商经营

大量支持生物医疗、集成电路、轨道交通、新能源、汽车制造和智能

制造的产业聚集（跨境电商产业园、孵化基地和海外仓）、跨境电子商务平台建设（综合服务平台）、跨境电子商务服务体系建设、跨境电子商务行业发展和培育壮大跨境电子商务经营主体等政策。研究新兴科技行业、高附加值产品的跨境电商发展路径，精准施策，定向支持。

2. 新起点，新格局，提升新兴产业的跨境电商品牌化营销能力

新兴产业处于起步阶段，起点高，包袱小，且与跨境电商、跨境直播等新兴营销方式的发展同步。因此，可以利用这一后发优势，鼓励跨境电商企业建立优势品牌，不断优化品牌供应链。通过新技术、新场景的应用提升品牌化的营销能力。开展跨境电商企业和社交媒体、数字内容平台等新兴领域的交流合作，加强与海外电商资源的对接，赋能品牌出海，提升国际市场竞争力。

3. 梳理特色产业，实现寻源增量

（1）重点发展 B2B 跨境电商出口。有效引导传统产业数字化转型，通过与跨境电商平台合作，依托江苏省江海联运、空港、陆港等交通枢纽，借助中欧班列，创新"跨境电商＋产业带"模式，大力发展跨境电商 B2B 出口。

（2）稳步扩大跨境电商保税进口，推进综保区、保税物流中心特色保税进口商品差异化发展，逐步引导形成个性化产业集群。大力发展 O2O、"跨境电商＋新消费"等新模式，促进品质消费。

五、赋能头部企业，带动中小外贸企业数字化转型

不断强化政策和要素供给，加大支持保障力度，为跨境电商头部企业赋能，如苏豪云商等国有外贸企业，焦点科技等头部平台企业，形成"雁阵效应"。通过赋能头部企业，推进外贸产业数字化，实现商贸流通企业的数字化转型。赋能中小微企业，构建跨境电商产业发展的新生态。

近年来，苏豪云商提出集"品牌出海、海外营销、咨询顾问、供应链、信息化和生态增值"6项服务为一体的理念，旨在为中小微企业提供

一站式跨境电商解决方案，推出"弘途跨综"跨境电商综合服务品牌，致力将传统外贸转型和先进信息技术运用经验推广至省内中小微企业。截至2022年，已通过举办跨境电商系列活动，培训超过1 000人次，服务企业超过500家，极大加快了跨境电商在江苏省的发展步伐。焦点科技旗下的中国制造网在外贸全链路的各个环节均采取了多种措施：在美国设立海外仓，助力中国企业以集约化的方式低成本进入美国市场；打造"平台＋独立站"的1＋1营销模式，帮助外贸企业实现平台与独立站互连互通；通过全链路协同管理，实现公域流量与私域流量双管运营的营销需求，帮助企业触达小B类买家；推出"贸课"等系列线上线下培训课程，与孚盟CRM展开合作，进一步提升外贸企业数字化能力。这些典型经验和做法都值得在省内进行推广，从而实现生态构建、龙头引领、共荣共生的良好局面。政府应该充分学习广东和浙江的相关经验，对于龙头企业应该实施"一企一策""对口协助""现场挂职现场办公"等政策，真正帮助龙头企业在经营、税收、海外运营、海外市场开拓、供应链和海外风险管控方面的精准服务和"一对一"服务，落实厅局级干部下沉蹲点挂职制度，"一人服务一家企业"，真正实现"现场办公，现场解决问题"的服务生态。

六、强化科技引领，促进跨境电商产业数字化发展

在当前的商业环境中，云计算、大数据、人工智能和区块链等创新技术正逐步成为跨境贸易领域的新引擎。这些技术不仅优化了服务、生产、物流和支付等关键环节，更推动了跨境电商行业的整体革新，为其带来了前所未有的发展机遇。

针对跨境电商行业长期以来的挑战，新质生产力工具的引入实现了信息的快速流通，减少了商品流通的冗余环节，从而显著提升了整体效率。这一变革促使跨境贸易从传统的劳动密集型向智慧型转变，为用户提供了更加高效、安全且易于操作的平台。

在生产领域，智能生产技术的应用推动了生产装备的数字化，如工业大数据、工业物联网和数字化工厂等智能制造技术得到了广泛应用。这种转变不仅实现了生产执行管理的智能化，还加强了制造执行与运营管理、

研发设计之间的集成。在服务环节,人工智能的基础应用如语言识别、图像识别、自然语言处理和专家系统等,为用户提供了多语言自动转化、试穿和购物建议等便捷服务。这不仅增强了用户体验,还推动了跨境电商的国际化发展。"新基建"作为新一代数字技术的代表,包括大数据、区块链、云计算、人工智能和物联网等,为跨境电商的标准化、平台化、生态化和智能化发展提供了重要支撑。例如,AI 技术能够助力企业抢订单、抢流量,并通过 AI 数字人完成跨境直播工作。云计算在优化服务流程中扮演了核心角色,显著提高了服务效率。同时,大数据的应用则有助于从海量的交易数据中提取有价值的信息,进而提升整体服务质量。在支付领域,区块链技术通过其独特的去中心化特性,为跨境结算带来了成本的降低和效率的提升,同时确保了网络支付的安全性。在物流领域,智慧化技术的应用,如智能仓储、快速通关和高效运输,不仅降低了人力和物流成本,还有效解决了客户隐私保护和安全配送等关键问题。在质量追溯方面,区块链技术通过记录产品全生命周期的数据,为产品溯源提供了强有力的支持,促进了信息的共享,降低了信任成本。对于打击侵犯知识产权的挑战,云计算、大数据和人工智能等技术的融合,为构建多部门信息共享的监管机制提供了可能,实现了监管与服务的无缝对接。

展望未来,区块链技术有望推动去中心化交易平台的实现,这将彻底改变跨境电商的交易模式。在这样的平台上,第三方管理运营成本将被消除,实现真正的点对点购物,消除文化差异、法律法规和地域保护等因素带来的主观偏差。同时,区块链的共识机制将促进消费者共同管理和监督的新模式,从根本上降低了交易成本,为消费者带来了更多的实惠。这一变革不仅将提升跨境电商的效率,还将推动整个行业的模式创新,为消费者带来前所未有的优质体验。

七、加强产业聚集,打造跨境电商交易中心

通过在南京、苏州等地设立东盟跨境电商交易中心、阿拉伯跨境电商交易中心、非洲跨境电商交易中心和南美跨境电商交易中心等实现产业聚集,做大跨境电商交易平台。之所以这样做,有以下几个方面的原因:

（1）能够实现全球资源整合，汇聚各区域市场的电商企业、渠道商、供应商和服务商等资源，为用户提供更加便捷的全球采购和销售服务。

（2）实现交易撮合，提供一站式的交易撮合服务，为用户提供从询价、报价、谈判、签约到物流、支付等全程服务。

（3）提供资讯服务，为跨境电商从业者提供全球电商行业趋势、政策法规、市场分析、数据报告等的行业资讯，帮助企业了解行业动态，把握市场机会。

（4）提供金融服务，通过联合全球多家金融机构，为用户提供国际贸易融资、汇率风险管理、跨境支付等金融服务，保障用户的资金安全。

八、完善数字化营销体系，加强海外仓建设，实施品牌出海战略

1. 加快境外营销网络布局

南京市人民政府对市政协十四届三次会议提案第 0340 号提案的答复中，提出推动优势跨境电子商务平台及供应链企业与传统外贸企业合作，重点面向"一带一路"沿线国家和地区，加快建设海外仓和精品商品体验馆，推动境外"O2O"展示、前展后仓等营销模式发展。鼓励有自有海外仓和合作仓资源的企业开放共享海外仓，推动企业通过海外仓、海外体验店等渠道拓展市场、降低成本、扩大出口。整合海外资源推动海外仓高质量发展。提升海外仓智能化效率，通过机械设备、智能机器人完成货物的整理和进出库，提高产品在整个仓库内物流环节的效率，降低人工成本。整合物流信息、商业信息、资金信息，借助跨境电商平台发挥整体智能化效益。提升仓储末端服务能力，海外仓可与当地合作的物流服务商协调，全面优化本地资源，匹配精准配送渠道，提高配送效率，实现高效而精细化的物流运营管理，满足 B2B 和 B2C 业务需求。

2. 实施数智"破零"行动计划

应大力发展跨境电商代运营企业，加强实操业务培训，引导鼓励传统

企业利用跨境电商交易平台上线运营，开展网络营销，推动交易撮合。加快引进和培育第三方海外营销服务机构，帮助企业开发海外独立站，利用搜索引擎、互联网社区、社交媒体等互联网工具实施精准营销。支持国内电商企业、商贸企业、专业批发市场建设跨境电商垂直平台，同步开展国内业务与跨境业务，扩大境外业务规模。

3. 提升企业数字化国际营销水平

引导外贸企业应用数字化手段和互联网工具开展海外精准营销，运用大数据、人工智能、云计算等数字技术进行线上展示、推介、洽谈和交易，探索跨境直播、社交电商、短视频、搜索引擎等新模式在贸易营销环节的应用。持续开展"江苏优品·畅行全球"专项行动，优化省贸易促进计划，推动传统展会数字化转型，培育线上展会，支持外贸企业加快建立线上线下融合、境内境外联动的营销体系。鼓励外贸企业自建独立站，支持专业建站平台扩大服务范围、提升服务能力。加强与政策性保险公司的合作，建立全球贸易精准营销大数据平台，为综试区企业开拓国际市场、开展产能合作和投资贸易决策，提供国别风险、投资风险及海外客户风险报告等专业信息，帮助企业精准锁定"一带一路"等重点市场、目标客户开发方向，提高获取订单的成效。

4. 品牌化规范化建设

积极培育跨境电商产业生态，加强对江苏跨境贸易企业和商品的孵化推广，培育一批江苏跨境电商标杆和品牌企业，拓宽跨境产业供应链，带动更多本地特色产品销售，促进内外贸一体化发展。一方面做精产业集聚区地方特色产品品牌，另一方面扶持中小企业自主品牌。通过举办各类活动、提供服务，加大对知识产权保护的宣贯力度，帮助相关企业对设计作品、外观专利和新发新品等注册品牌。指导中国驰名商标、江苏省著名商标等示范创建工作，在各产业带深度挖掘各门类各品类的优质商品，提升省内优质产品的影响力和美誉度。

九、构建高端智库平台，联动协同政、会、校、企资源

要通过建立政府、高校、企业、协会四方联动的跨境电商人才培养体系，打造人才培养示范高地。具体包括：

（1）成立省级跨境电商智库研究平台。江苏拥有全国第一流的高等教育资源，在各高校开通跨境电商专业，打造跨境电商专门人才培训实操基地的基础上，可以进一步成立跨境电商智库研究平台，融合具有交叉学科背景或产业经历的高层次人才，以提供思想、智慧和决策咨询。通过产学研联动、政校企合作，发挥人才优势，全方位助力江苏跨境电商产业发展。

（2）推动知名跨境电商平台与高校、职业教育院校等合作办学。通过共建培训学院、产业学院，予以资金扶持。以浙江省杭州市为例，市政府鼓励高校开设跨境电子商务专业，对开设跨境电子商务专业的本科与高职类院校分别给予30万元、20万元的一次性资金扶持，对设立实体跨境电子商务学院（分院）的高校，给予不超过100万元的一次性资金扶持。在政策扶持下，截至2023年，杭州已有20所高校设置了跨境电商专业。江苏省高校资源丰富，通过借鉴该做法，将充分激活教育资源优势，有力地改善跨境电商人才不足的问题。

（3）建立跨境电商人才创业创新支持体系。将跨境电商人才列入江苏省人才安居办法支持范围。开展全省范围内的跨境电商创业创新大赛，甄选优秀项目予以重点扶持。

（4）充分发挥行业协会桥梁纽带作用，搭建横向协调、纵向联动的综合性服务平台。充分发挥纽带作用，营造行业氛围。持续完善物流体系、金融产品体系、跨境专业人才体系，作为跨境电商企业的业界团体，跨境电商行业协会与政府机构、产业商会、从业企业、科研院校、国外政府机构及同业组织均具有良好的互动合作关系，在企业与政府之间、企业与企业之间发挥着桥梁与纽带作用。因此，行业协会的作用对于构建跨境电商产业生态具有不可替代的作用。要充分发挥省级电商协会、各地级市电商

及跨境电商协会的作用，充分整合各地的企业、高校和产业资源，聚力跨境电商产业发展。

十、大力发展"跨境电商＋产业带"模式

"跨境电商＋产业带"，是跨境电商对各地优势产业带全面赋能、推动区域产业产品出口、实现产业转型升级、培育自主品牌有效的路径与模式，是数字经济与实体产业融合的真实体现。要通过发展跨境电商，实现产业带的数字化、协同创新、精准营销、智能物流的新生态，从而推动产业带出口规模扩大、出口品类创新，提升产业带抗风险能力。产业带按照发展阶段和产品技术密集度可以分为三大类，其中新型产业带一般属于高技术产品。在发展跨境电商时，重点需要解决的是新品类出口营销问题，其次是扩展国际市场，最后是根据消费市场反馈创新产品和服务，比如新能源汽车、人工智能产品等。第二种是成长型产业带，这种产业带一般重点是扩大国际市场，然后是产品和服务的创新，最后是产业链数字化提升，比如光伏发电产品、智能保温杯等。第三种是成熟型产业带，这种产业带发展跨境电商的重点是产品创新升级，尤其是数字化的转型升级。

要大力促进"跨境电商＋产业带"模式发展，带动更多江苏的传统产业组团出海，要依托跨境电商综试区，结合江苏省各地产业带的禀赋和区位优势，推动更多地方特色产品更好地进入国际市场。要通过举行产业带对接会，实施 M2B 模式对接会，邀请亚马逊、Wish、World First、eBay、Umka、Shopee、Lazada、Shopline、Temu 等业内知名的跨境电商平台在产业带开展跨境电商业务，同时要在国外建立海外仓，为产业带产品出口赋能。要集中打造一批服务优势产业带的跨境电商示范基地，发挥示范基地的资源整合能力，联合产业带的中小微生产企业，探索跨境电商公共品牌建设机制等。

产业带以其强大的供应链能力，为跨境电商的繁荣提供了坚实的基础。从规模、多样性到基础设施的完善，这些产业带都具备了推动跨境电商发展的巨大潜力。将"跨境电商"与"产业带"相结合，不仅实现了新业态与优质供应链的深度融合，更通过数字化转型为两者的协同发展提供

了强大的动力。

为了实现这一模式的高效运作,要加强跨境电子商务产业园区的建设,这是一个集交易、物流、金融、信用等多功能于一体的综合服务平台。通过优化营商环境,可以进一步促进跨境电商生态圈的繁荣和产业集群的转型升级。同时,线上与线下的跨境电商服务体系也需要同步完善。线上,可以建设一个功能齐全、用户友好的跨境电商公共服务平台;线下,则需要提供全方位的服务支持,包括物流、仓储、金融等,确保跨境电商业务的顺畅进行。

此外,要积极鼓励产业带中的传统制造企业和商贸流通企业积极"拥抱"跨境电商,通过第三方平台开展业务,实现传统产业的数字化转型和升级。这不仅将提升企业的市场竞争力,也将为整个产业带和跨境电商的协同发展注入新的活力。在发展"跨境电商+产业带"过程中,要重点解决产业带的转型升级问题,主要有以下路径:

(1) 基于跨境电商的数字化、网络化特性,加快产业带企业的数字化进程;支持"跨境电商+产业带"以龙头企业为主体,与高校、科研院所共建研发机构,加大产业带研发投入,提高科技成果落地转化率。要通过新质生产力,大力推进产业带企业数字化、智能化,加快人工智能、大数据、云计算、5G、物联网等信息技术与制造全过程、全要素深度融合。

(2) 基于跨境电商直面消费者的特点,促进产业带企业以需求引领创新研发;要积极推动"跨境电商+产业带"中的产业园区升级数字基础设施,搭建公共服务平台,探索共享制造模式,实施整体数字化改造。

(3) 基于跨境电商快速触达各国市场,助力产业带企业扩展国际市场。

(4) 基于跨境电商健全的物流体系,提升产业带企业海外履约效率。

(5) 以"政产学研"合作为基础,推进跨境电商人才孵化项目,推广高校与企业点对点合作模式,促进高校与企业深度融合,使培养工作更加体系化、规模化,加强职业教育与技能培训等,解决人才缺口的问题。

结　语

近几年,国家不断加大力度支持跨境电商产业发展,全国先后有165个跨境电商综试区获批。在过去5年中,我国跨境电商贸易规模增长超过10倍。2024年第一季度,跨境电商进出口5 776亿元,增长9.6%,其中出口4 480亿元,增长14%。目前,根据各地初步统计,全国跨境电商主体已超12万家,跨境电商产业园区超1 000个,建设海外仓超2 500个、面积超3 000万平方米。

江苏发展跨境电商拥有得天独厚的资源禀赋:

(1) 拥有雄厚的产业基础。江苏是中国制造业的重要基地之一,拥有众多具有国际竞争力的制造业集群,如电子信息、机械装备、纺织服装、化工等,这为跨境电商提供了丰富的产品资源,满足了国际市场的多样化需求。同时,江苏拥有众多特色产业集群,如东海水晶、苏州丝绸等,这些产业具有独特的产品优势和市场竞争力,为跨境电商提供了特色化的产品资源。

(2) 江苏拥有优越的地理位置。江苏地处长江三角洲地区,拥有发达的公路、铁路、水路和航空运输网络,便于与国内外市场进行快速、高效的物流连接。同时,江苏紧邻上海这一国际大都市,可以充分利用上海的国际贸易和航运资源,快速进入国际市场。同时,江苏与"一带一路"沿线国家有着紧密的经贸往来,为跨境电商提供了广阔的市场空间。此外,江苏省政府高度重视跨境电商的发展,出台了一系列针对性政策措施,如《江苏省推进跨境电商高质量发展行动计划(2023—2025年)》等,为跨境电商提供了政策支持和引导。

(3) 江苏拥有丰富的人才资源。江苏拥有100多所高校,为跨境电商提供了丰富的人才资源。这些高校和科研机构培养了大量具有跨境电商运营、供应链管理、跨境支付等方面知识和技能的复合型人才。

(4) 在海外仓和物流体系建设方面卓有成效。江苏在"一带一路"沿线国家和地区建设了多个海外仓,为跨境电商提供了便捷的仓储和物流服务。这些海外仓不仅提高了物流效率,还降低了物流成本,增强了江苏跨境电商的竞争力。江苏拥有发达的物流体系,包括公路、铁路、水路和航空等多种运输方式,这为跨境电商提供了快速、高效的物流服务,确保了商品能够准时、安全地送达国际市场。

江苏发展跨境电商的资源禀赋包括产业基础雄厚、地理位置优越、政策支持与引导、人才资源丰富，以及海外仓和物流体系完善等方面。这些优势为江苏跨境电商的发展提供了有力的支撑和保障。

但是，江苏在发展跨境电商产业过程中，也面临着诸多问题：

（1）跨境电商综合服务体系不完善。无论是在整个江苏省还是江苏各市的范围内，目前都缺乏综合性或专业性的跨境电子商务信息服务平台。跨境电子商务相关服务机构也较为缺乏，跨境电子商务孵化体系不完善，尚未形成城市间有效联动机制。

（2）缺少领军企业与头部平台企业。江苏跨境电商领域虽然企业众多，但缺乏具有全球影响力的领军企业和头部平台。这导致江苏跨境电商在品牌知名度、市场影响力等方面相对较弱，难以在全球市场中形成强大的竞争力。

（3）品牌建设滞后。江苏跨境电商在品牌建设方面相对滞后，许多企业缺乏品牌意识和品牌建设能力。这导致江苏跨境电商在市场中缺乏辨识度和影响力，难以与知名品牌竞争。

（4）产业融合度不足。江苏跨境电商与传统产业融合度不够高，未能充分发挥跨境电商在推动产业升级和转型中的作用。传统产业对跨境电商的认知和利用程度较低，导致跨境电商在供应链、物流、营销等方面的优势难以得到有效发挥。

（5）配套服务不完善。江苏跨境电商的配套服务尚不完善，包括物流、金融、支付、法律等方面。例如，物流方面存在成本高、效率低、服务质量不稳定等问题；金融和支付方面存在跨境支付复杂、汇率风险大等问题；法律方面存在跨境电商法律法规不完善、知识产权保护不足等问题。

（6）跨境电商人才缺乏。江苏跨境电商人才相对缺乏，尤其是缺乏高层次、专业化的跨境电商人才。这导致江苏跨境电商企业在运营、管理、营销等方面存在不足，难以适应快速变化的市场环境。人才短缺的原因包括：高校和培训机构对跨境电商人才培养的滞后、跨境电商行业对人才吸引力不足等。

（7）信用监管相对滞后。江苏在跨境电子商务企业与交易方面的信息监管还不完善，跨境电子商务主体信用信息尚未能做到归集与公开。跨境电子商务信用监管和评价的体系也还不完善，影响了跨境电商市场的健康发展。

（8）税收政策和服务支持不足。尽管江苏省出台了相关政策推动跨境电商的发展，但在税收政策和服务支持方面仍有待加强。如跨境电子商务出口退运商品的税收政策需要进一步优化，以更好地支持外贸新业态发展。

（9）物流体系不合理和基础设施不健全。江苏跨境电商物流出现体系不合理、基础设施不健全、信息化水平较低等问题，影响了跨境电商的物流效率和成本控制等。

针对这些问题，江苏应该积极做好以下几个方面的工作：

（1）做好顶层设计，加强政策扶持与引导。针对不同地区跨境电商的发展现状和潜力，出台具有针对性的政策措施，如《江苏省推进跨境电商高质量发展行动计划（2023—2025年）》，以涵养跨境电商产业生态，培育壮大跨境电商主体。加大财政资金投入，设立跨境电商发展专项资金，用于支持各地区跨境电商平台建设、企业培育、人才培养、市场拓展等方面。优化营商环境，简化跨境电商企业注册、备案等手续，降低企业运营成本，提高政策透明度和便利化程度。

（2）加大主体培育，尤其是龙头企业的培育和扶持。出台一系列更具针对性的政策措施，如税收优惠、资金扶持、人才引进等，为龙头企业提供强有力的政策保障。设立跨境电商发展专项资金，用于支持龙头企业在跨境电商领域的创新发展，包括技术研发、市场推广、品牌建设等方面。鼓励传统外贸企业"触网升级"，通过政策引导和市场机制，鼓励传统外贸企业利用跨境电商平台拓展国际市场，实现转型升级。扩大跨境电商新增主体培育，推动各地建立跨境电商公共服务中心，建设跨境电商孵化基地、创新创业基地，加大对中小微企业的孵化培育力度，培育更多具有潜力的跨境电商企业。引导外贸企业应用数字化手段和互联网工具开展海外精准营销，探索跨境直播、社交电商、短视频、搜索引擎等新模式在贸易营销环节的应用。持续优化"江苏优品·畅行全球"专项行动，推动传统展会数字化转型，培育线上展会，支持外贸企业加快建立线上线下融合、境内境外联动的营销体系。

（3）加强基础设施建设，完善物流体系。加强物流基础设施建设，提高跨境电商物流效率，降低物流成本。在苏南、苏北、苏中地区建设一批跨境电商物流园区，形成覆盖全省的跨境电商物流网络。拓展国际物流通道,加强与"一带一路"沿线国家的物流合作,拓展国际物流通道,为跨境电商提供更便捷、更高效的物流服务。加密中欧班列,强化连云港、南通等出海口枢纽建设,提高国际物流的竞争力。

(4) 提升信息化水平。加强跨境电商信息化建设,推动信息技术在跨境电商领域的应用和创新。支持企业利用大数据、云计算等新技术提高运营效率和服务质量。

(5) 推动产业带与跨境电商融合。打造特色产业带,结合江苏的产业优势和资源禀赋,打造一批具有竞争力的特色产业带,如纺织产业带、机电产业带等。通过跨境电商平台将特色产业带的产品推向全球市场。

(6) 促进传统外贸转型。鼓励传统外贸企业利用跨境电商平台拓展国际市场,推动传统外贸向跨境电商转型。

(7) 支持企业在跨境电商领域进行品牌建设、产品创新和市场拓展。鼓励企业打造具有自主知识产权的跨境电商品牌,提升产品附加值和品牌影响力。加大知识产权海关保护政策宣讲力度,开展专项行动,指导企业加快自主品牌培育,精准培塑知名品牌。

(8) 加强跨境电商人才培养。支持高校开设跨境电商相关专业和课程,培养具有跨境电商运营、供应链管理、跨境支付等方面知识和技能的复合型人才。同时,加强跨境电商人才培训和实践基地建设,提高人才培养质量。

(9) 加强国际合作与交流,拓展国际市场。积极与"一带一路"沿线国家开展跨境电商合作,拓展国际市场。通过参加国际展会、建立海外仓等方式提高江苏跨境电商在国际市场的知名度和影响力。与沿线国家加强政策沟通与协调,推动形成互利共赢的跨境电商合作机制。共同制定跨境电商发展规划和标准体系,促进跨境电商领域的规范发展。

(10) 推动跨境电商企业"走出去"。鼓励江苏跨境电商企业到"一带一路"沿线国家设立分支机构或合作伙伴关系,扩大市场份额和影响力。同时,加强与国际知名跨境电商平台的合作与交流,提高江苏跨境电商的国际竞争力。

附 录

一、全国部分地区"跨境电商+产业带"发展案例

1. 苏州常熟采通平台

2019年,常熟市采通平台在市场采购贸易政策下应运而生,成为全国市场采购贸易试点首创的企业端综合服务平台,该平台推出一系列便利化措施,为中小微企业提供外贸商户注册、市场采购备案、组货拼箱等一站式出口服务,通过引导中小微外贸主体参与市场采购贸易,壮大主体规模,提升发展水平。常熟服装城市场采购贸易试点是全国第三批试点之一,也是江苏仅有的2个试点之一,经过4年多发展已形成较为成熟的"江苏模式",且已在云南瑞丽、广西凭祥等地成功复制推广,走向全国,对促进外贸新业态发展发挥着举足轻重的作用。探索市场采购、跨境电商等新业态融合发展,推动产业带升级,从而带动全产业链集聚发展是首要一步。第二步,常熟市采通将集聚更多原先外流的出口货物,促进数据回流,从服装快消品、机械机电产品、汽车等现有产业带优势转化为全链条发展趋势。常熟还计划通过省内联动模式,带动省内其他地区产业带的提升,例如丹阳眼镜、东海水产品等外贸出口。

2. 南通家纺

南通正处于"一带一路"倡议、长江经济带发展、长三角一体化发展三大国家战略交汇点,为家纺产业发展带来了多重红利。2020年11月,南通市委、市政府着眼长远,组建了江苏南通国际家纺产业园区,推进叠石桥、志浩两大家纺市场一体化发展。园区紧扣"全国家纺行业高质量发展树标杆,产城融合发展三年出形象"的奋斗目标,着眼"四中心一新城"发展蓝图,奋力建设世界一流的国际家纺商贸中心、引领全球的创新创意设计中心、世界领先的高端家纺研制中心、链接全球的优质货品集散中心,建设港产城融合发展示范新城。据数据统计显示,南通家纺床品年产量超12亿件,平均每分钟生产1 350套件、670条被子和340只枕头,

在全国床品市场占有率远远超过半壁江山，成为全国最大的家纺产品生产基地和贸易基地；外贸年出口额超 100 亿元，产品远销 150 多个国家和地区，成为引领全球家纺产业流行趋势"风向标"。目前，通过百余年经营，南通已经拥有完整的家纺产业链，园区先后涌现出新世嘉、心愿等 350 多家外贸出口企业，拥有杜尚、黛恒等 3 万多家电商企业，配套建有家纺产业技术研究、流行趋势发布、知识产权保护等八大类公共服务平台；获批市场采购贸易方式和跨境电商综合试验区两大国家级试点。充分展现了南通家纺完整的产业链和强劲的集聚效应。

3. 无锡"跨境电商＋电动车产业带"模式

无锡锡山电动车产业带通过发展跨境电商快速拓展海外市场，近年来，雅迪、台铃、新日等区域骨干企业不断加快实施品牌化战略，相继在欧洲、东南亚等主要市场设立营销网点，探索建立独立站、海外仓等外贸新模式，锡山电动车品牌的海外知名度持续提升。2022 年，无锡进出口总额突破 1 100 亿美元，作为外贸发展的新动能、转型升级的新渠道和高质量发展的新抓手，近 3 年无锡市的跨境电商规模逐年扩大，年均增速超过 30%。跨境电商企业达到 1 204 家，产业带内企业携手"跨境"，不断开拓国外市场。无锡"跨境电商＋产业带"模式不断深化，全市各个板块的特色产业陆续"触网出海"。作为汽车及零部件国家外贸转型升级基地，无锡惠山区于 2023 年 9 月组织举办了"订单赋能·品牌出海"对接会，发布洪都拉斯和俄罗斯市场汽车及零部件采购需求信息，助力 30 余家企业抢占跨境新市场份额；江阴市通过重点打造电子商务公共服务中心，为 500 余家跨境电商企业提供服务，年培训跨境人才 3 000 人次，组织各类跨境电商对接会 20 余场；宜兴紫砂、锡山电动车、滨湖高端精密智造等也纷纷开展跨境电商业务。为支撑企业打通跨境电商渠道，开展跨境贸易，无锡海外仓布局持续提速，累计有 26 家企业在 19 个国家布局 49 家海外仓，面积超 60 万平方米。此外，无锡构建的跨境电商"一系统、两中心、N 平台"公共服务体系（即跨境电商数据通关统计系统，跨境电商展示中心和综合服务中心，7 个跨境电商公共服务平台），也在为全市外贸企业提供跨境转型、通关物流、品牌推广、数字营销、人才培育等全流程提供专业化服务。

4. 生峰生态大闸蟹专业合作社

位于宜兴的生峰生态大闸蟹通过跨境电商卖到了国外。该企业通过合作社方式拥有养殖面积1万余亩,以淡水养殖河蟹为主体年产量970余吨。太湖渔场养殖的"生锋"牌注册商标大闸蟹在2014年1月荣获江苏省海洋渔业局、江苏省农业农村厅颁发的绿色无公害农产品证书。漏湖渔场先后被评为"无锡市绿色生态示范基地""无锡市四有农民专业合作组织""无锡市名牌产品称号""宜兴市农业龙头企业"等称号。

该企业曾获得"江苏省大闸蟹出口示范基地""农产品电子商务销售先进单位""新建镇大闸蟹跨境电商对接平台"等称号。该企业总经理储生峰,2019年在"创青春新农菁英"无锡农村创业创新大赛上获得二等奖,并获得无锡市最美新型青年农民等荣誉。该企业通过线上和线下批发的方式进行大闸蟹的销售,其中通过跨境电商的方式出口到东盟和美国等多个市场,出口量占到全国出口量的1/3。该企业主要做法包括3个方面:①以品牌建设为重点,坚持大闸蟹的科学饲养和产品品质,通过物联网技术将水温保持在15 ℃左右,通过地下水进行科学养殖,采取一系列的科学方法,强化了大闸蟹的品质。在出口国外的检测过程中,各项指标都名列前茅,达到国外的检验标准。②通过合作社模式,对周边大闸蟹养殖户进行统一培训,按照统一标准进行养殖,然后进行统一收购和统一销售,较好地实现了质量标准化,提升了品牌的美誉度,保障了各分散农户的利益。③该公司在生鲜领域积极开拓,走跨境电商发展的新路,出口额占据全国1/3,在生鲜跨境方面成为佼佼者,也积累了丰富的经验,值得全国推广和复制。

5. 山东菏泽市曹县林木产业带

曹县庄寨镇有各类林木加工企业1 400余家,年木材加工量1 500万立方米,产品以各类人造板、桐木工艺品、木制家具等为主,销往世界各地,板材产量约占全国的20%,桐木制品出口量占全国同类木制品出口量的70%。曹县是全国最大的木制品跨境电商产业带,阿里巴巴国内批发网站上涉及曹县木制品的企业有4 000多家,占全网木制品企业的40%以上,全县木制品网络销售额占淘宝、天猫的40%，占京东的50%，占阿里巴巴中国木制品跨境电商销售额的12%。曹县已成为"全国最大的木制品跨境电商产业带"，产品远销美国、西班牙、德国、英国、荷兰、意大利、瑞典等60多个国家和地区。在曹县，线上销售木制品跨境电商是主角。曹县出口额一直稳居全市前列，占全市的40%左右。有进出口实绩的林产品企业355家，特别是广交会展位中，曹县近年来始终占到全市的90%以上。产品出口区域广，全县出口的国家和地区大约有169个，重点出口地区包括欧美、日韩、东南亚、中东传统出口地区和"一带一路"沿线、南美、非洲、大洋洲等新兴市场。曹县突出"一镇一主业，一镇一特色"，逐步形成了镇域特色产业集群发展态势。其中，林业重镇庄寨镇拟打造千亿级木材加工产业园区。近年来，庄寨镇大力发展木材加工特色产业，全镇现有各类企业1 400家、个体加工户4 000余户，形成了规模庞大、门类齐全、链条完善的产业集群，成为山东省木制品产业基地、山东省特色产业集群、全国重要人造板生产基地。

6. 贵州铜仁茶产业带

铜仁高新区跨境电子商务产业园已步入实质性运营阶段，一期产品展示中心、综合服务平台办公区、直播、会议及培训设施等已全面开放，为企业提供了孵化与成长的理想环境。贵茶产业园，作为铜仁的茶叶产业翘楚，2023年产量达1 200吨，总产值超过3.5亿元，其抹茶产品更是畅销全球40多个国家及地区，稳坐国内销量榜首、全球销量第三的宝座。这一跨境电子商务产业园不仅是铜仁市跨境电商业态的关键线下支撑，也是海关监管作业的核心场所。园区现已吸引了一批涵盖跨境电商、生产加工、外贸服务等领域的上下游企业入驻，形成了一个集通关、仓储、物流、商品展示、电商孵化、平台服务、产品研发于一体的综合性"一站式"产业园区。园区在搭建线上跨境电子商务综合服务平台的同时，也在不断完善国际贸易"单一窗口"的公共服务功能，与海关、税务、外汇管理等多部门实现数据信息的互联互通，为企业提供高效便捷的一站式服务。此外，园区还积极构建信息共享、金融服务、物流服务、电子商务信用、统计监测和风险防范六大体系，为外贸产业链招商搭建坚实平台，打造新时代的商贸"驿站"。

铜仁依托其绿色产业优势，将"跨境电商＋优势产业"作为发展重点，优化"跨境电商＋产业带"布局，深耕贵州内陆开放型经济试验区铜仁试验田，助力本地特色产品走向世界，促进外贸企业蓬勃发展，成功打造了"梵净山珍"这一知名品牌。2023 年，铜仁市认定的 10 个生态食品、饮品、药品产业对外贸易合作高质量发展基地，农产品出口总额超过 2 亿元，同比增长高达 69.03%，再次彰显了铜仁在跨境电商领域的强劲实力和广阔前景。

7. 汕头澄海玩具产业带

汕头澄海，作为国内外知名的玩具礼品制造与出口中心，凭借其独特的产业优势和持续的创新发展，已赢得了"中国玩具礼品之都"等一系列荣誉。澄海的玩具产业自 20 世纪 80 年代起便蓬勃发展，如今已成为该区域最具活力和影响力的支柱产业。

澄海玩具产业不仅在国内市场占据重要地位，其塑料玩具产量占全国近半，更是全球知名的地域性玩具制造品牌。至 2020 年底，澄海区玩具礼品行业拥有超过 3.4 万家的生产经营单位，年产值超亿元的骨干企业多达 20 余家，玩具产值高达 580 亿元，成为澄海工业经济的核心力量。近年来，澄海玩具产业正经历着从传统制造向泛娱乐化发展的转型。澄海区积极推动玩具产业与文化动漫创意的融合，向高端化、品牌化、智能化方向迈进。作为国内首个玩具产业综合体，"宝奥城"不仅设有国际玩具城、配送中心、货运超市等多元化设施，还集成了跨境电商清关分拣中心，成为国家电子商务示范基地和跨境电商运营平台。

汕头澄海玩具不仅是国内最大的出口基地，其产品还远销欧美、中东、南美、东盟等 140 多个国家和地区，占据国内玩具出口规模的显著份额。澄海玩具品种繁多，每月都有千余款新产品问世，其中不乏奥迪、骅威等龙头企业。超过 70% 的企业参与跨境出口业务，网络零售店铺数量庞大，达到 1.2 万个。这些企业主要通过阿里巴巴国际站、速卖通、亚马逊等第三方平台以及政务服务平台开展跨境电商活动，形成了集买家、卖家、支付、物流、金融等多方资源的强大生态环境，实现了产业链信息的高效整合和业务协同，从而快速响应市场，实现柔性化生产。

8. 浙江柯桥区轻纺产业集群

2022年，中国轻纺城凭借其卓越的"线上线下"融合策略，实现了超过3 300亿元的惊人交易额，进一步巩固了柯桥作为"纺织经济重镇"的地位。这里汇聚了全球纺织产业链的精华，包括省级技术创新中心、255家纺织高新技术企业、29家省级研发中心及2.7万名专业研发人员，共同构筑了行业领先的科研与创新高地。

为加速国际化进程，柯桥率先在中国（绍兴）跨境电商综合试验区中设立了柯桥园区，并配套建设了中国轻纺城跨境电商监管中心与公共服务中心，为企业搭建了通往世界的桥梁。在巩固传统市场的同时，柯桥积极实施"走出去"战略，沿着"一带一路"的足迹，深耕欧美市场，并不断探索新兴市场，通过举办各类国内外展会，如境外展、自办展及展中展等，显著提升了国际知名度和市场渗透力。

步入2023年，柯桥区积极响应"地瓜经济"提能升级的战略号召，将其作为首要开放工程全力推进。通过高水平的对外开放，柯桥鼓励本地企业如地瓜藤般向外延展，利用自身的纺织品牌优势及世界级纺织产业集群的基础，不断拓宽纺织产业链的边界。创新"丝路柯桥·布满全球"的品牌策略，探索新的商业模式与业态，为轻纺城企业开辟更广阔的海外市场，实现更加辉煌的"出海"征程。

二、全国部分产业带

1. 箱包产业带

(1)"中国皮具之都"——广州狮岭

狮岭主要经销、批发皮具、皮革原材料、皮具辅料、皮具配件。截至2023年，当地有箱包皮具生产加工企业8 800多家、相关原辅料配套商户1.68万多家，年产各类箱包皮具7亿多只，产业规模超过300亿元，产品出口到142个国家和地区。还有广州番禺、花都区、深圳市，品质、工艺较高，品类较全，高仿箱包也多出于此地，以产业链完整著称，其原辅材料市场规模非常大。

（2）"中国箱包之都"——河北白沟

白沟的十大专业市场中有箱包交易城及皮革、箱包辅料、五金饰件等为箱包服务的特色专业市场。2023年，白沟年产箱包8亿只，产品销往全球195个国家和地区，在国内市场占有率约为28%。

（3）"中国旅行箱之都"——浙江平湖

浙江是第二大革皮包袋生产省份，占全国革皮包袋总产量的1/4。皮具业是浙江的地区传统产业之一，以加工成本低、做工精细为特点。主要分布在义乌、海宁、苍南钱库，义乌是浙江省最具活力、外贸出口最强的区域之一，被誉为"华夏第一市"，已连续11年位居全国十大集贸市场榜首。海宁有"中国皮革之都"之称，是华东最大的皮革制品市场。苍南钱库目前正紧锣密鼓地申报"中国箱包生产基地"。

2. 灯具产业带

中国照明产品80%以上产自广东省中山市的古镇，中山也是"中国的照明生产基地"；宁波余姚市"中国灯具之乡"——梁弄镇；其他如广东江门、广东深圳、广东惠州、江苏常州、山东烟台等多地均有分布。

3. 毛巾产业带

河北高阳县的毛巾占全国总产量的1/3，被誉为"纺织强县"，产品销往全国各地，并出口俄罗斯、韩国等30多个国家和地区。其他如浙江湖州安吉的竹纤维毛巾，广东广州、浙江义乌等地均有分布。

4. 宠物食品产业带

"中国宠物食品之乡"——河北省南和县，截至2019年，有宠物食品生产企业40家，注册宠物食品品牌逾330个，宠物食品年产销量达65万吨，产量占全国60%，被中国农业国际合作促进会宠物产业委员会授予"中国宠物食品之乡"，已经成为全国最大的宠物食品生产基地。

5. 泳装产业带

辽宁省葫芦岛兴城，泳装产品远销俄罗斯、美国、欧洲、东南亚等140多个国家和地区，占全国泳装市场销售额的40%，占全球市场的20%，是国内最大的泳装生产基地。其他还有福建晋江和浙江义乌等地。

6. 吉他产业带

"中国吉他产业之都"——广东惠阳，吉他产量已经占到全中国的60%，全球的25%，尤克里里更是占到全球销量的80%；"中国吉他制造之乡"——贵州正安；中国第三大吉他生产基地——漳州芗城；"吉他小镇"——山东潍坊鄌郚镇，电吉他产量约占全国总产量的1/3，80%以上的产品出口到韩国、美国和澳大利亚等30多个国家和地区。

7. 棺材产业带

山东菏泽——棺材产量占据全国80%，占据日本的90%。曹县的棺材还销往欧洲、非洲、南美洲。曹县棺材产业主要集中在庄寨镇，截至2018年底，有2 569家企业、5 000多个体户，年产值500亿元，吸纳30万人就业。

8. 家电产业带

"中国家电产业基地"——安徽合肥，"四大件"（空调、彩电、洗衣机和冰箱）产量连续多年居全国城市之首。2022年合肥市家电产业实现产值近900亿元，家电"四大件"总产量5 750.6万台套。

9. 小家电产业带

广东省顺德北滘的微波炉、空调、电风扇以及小家电，都是世界最大、配套最完善的生产基地之一，是中国最具规模的白色家电生产基地和出口基地。拥有中国最大、最完整的空调产业链和微波炉产业链，拥有中国最大、最完整的小家电产品群和厨房家电产品群。截至2023年，拥有家电生产及配套企业 3 000 多家，产值约占全国家电产业规模的 15%。

10. 玩具产业带

三大玩具生产基地，即汕头市澄海区、福建省晋江的安海镇和上海市，并称"三海"。其中澄海区 2018 年玩具产量占全国 25%，75% 以上的玩具出口至欧美、中东、南美、东盟、俄罗斯等 140 多个国家和地区。还有"中国玩具之都"温州永嘉桥下镇、雄安新区的毛绒玩具产业等。

11. 油画产业带

深圳、莆田、厦门是全球三大油画产业基地。目前厦门乌石浦油画村与深圳的大芬油画村并列为世界上最大的商品油画生产基地。巅峰时期，深圳大芬村装饰性油画曾经一度占全球市场 70% 以上份额，被誉为"世界油画第一村"。莆田全市油画业年产值 15 亿元以上，占全球油画产量的 30%，培养了近 2 万名画家、画师。

12. 童装产业带

三大童装产业基地——浙江湖州织里镇，广东广州佛山东莞区域，山东青岛即墨。其中，织里镇童装市场全国占有率 30%，60%—70% 的淘宝童装产自这里。

13. 内衣产业带

广东汕头潮阳，作为内衣产业的佼佼者，以其庞大的规模、完整的产业链和丰富的内衣种类稳居行业前列。与此同时，广东南海盐步凭借其早期进入文胸二线市场的经验，成功实现了市场化、区域化的运作模式。深圳公明，则以其为世界知名品牌提供加工服务的悠久历史，吸引了众多大品牌在此设立生产基地。广东中山小榄，在内衣行业中独树一帜，被誉为全球最大的内裤生产基地，其生产规模和产品品质均属行业翘楚。福建晋江深沪，则以内衣外销为主导业务，持续在国际市场上展现其竞争力。而浙江义乌，作为内衣产业的新兴力量，凭借无缝内衣生产的独特优势迅速崛起，成为该领域的佼佼者。上海作为中国的经济中心，也是内衣产业的重要聚集地，汇聚了众多顶级内衣品牌，引领着行业发展的潮流。

14. 家纺家饰产业带

家纺家饰产业带主要包括江苏南通的家纺、浙江绍兴的窗帘、浙江义乌的家饰和天津的地毯等。

15. 假发产业带

河南许昌是全国最大的假发生产基地。许昌市位于河南省中部，拥有5 000多家假发工厂和作坊，拥有完整的假发产供销产业链。据联合国商品贸易统计库数据显示，2019年，中国假发出口总额超过35亿美元，是韩国和日本两国假发出口额加在一起的83倍。许昌市有从事假发行业的工厂和小作坊共5 000多家，从业人员近30万人。

16. 运动鞋产业带

中国运动鞋最大生产基地在福建省晋江市。晋江陈埭是全国最大的鞋产品生产（产量约为全球8.5%）、加工、贸易基地。产品齐全，且有超一流的生产设备和大量名牌企业群集，市场成熟。截至2021年，晋江市拥有鞋业生产经营企业达3 000多家，年产量7亿多双，年产值超200亿元人民币，产品远销世界80多个国家和地区。

17. 服装产业带

女装主要是广东省广州、虎门、深圳和浙江杭州等地，男装主要是浙江宁波和福建泉州、石狮等地，衬衫主要是广东普宁和浙江义乌、大陈镇等。

18. 袜子产业带

全国最大的袜子生产基地是浙江省诸暨市大唐镇，全国最大的棉袜生产基地是吉林辽源，此外还有袜子名镇广东佛山里水镇。

19. 化妆刷产业带

"中国化妆刷之乡"的河北沧州，该县 44 万总人口中，现有 1.6 万人从事化妆刷行业。全县注册化妆用具企业 253 家，2021 年实现产值 30 亿元，完成出口 3 600 万美元。全县化妆刷注册商标近 500 个，拥有多个国际知名品牌，产品国内市场占有率达到 50% 以上。另外，还有河南省鹿邑县、广东深圳、浙江义乌等地也是主要产地。

20. 化妆品产业带

广东省广州市是全国最大、最齐全的化妆品生产基地，作为化妆品产业大省，广东化妆品生产企业超过 3 000 家，化妆品注册人/备案人数量超过 8 000 家，均位居全国第一。广东化妆品 2021 年出口额占全国 35.1%，居全国首位。与欧美产品相比，我国化妆品近年正在快速追赶，国际影响力逐步上升。广州、珠海、中山、东莞、惠州、深圳等地也有较多化妆品加工厂，还有浙江湖州吴兴区美妆小镇、佛山三水区大塘镇美妆小镇、上海奉贤区东方美谷等。

21. 小饰品产业带

浙江义乌是中国最大的小饰品生产、批发基地。时尚配饰是义乌产业带的核心供给类目之一，主要分布在义乌小商品城的国际商贸城一区和四区。近年来，义乌更是发展为集国内时尚配饰研发、制造和销售于一体的重要产业中心。2023 年，义乌饰品产业带位居全国最受欢迎产业带的第二名。据不完全统计，义乌有 8 000 多家饰品生产和贸易企业，产品种类超过 80 万种，销往 100 多个国家和地区。

22. 渔具产业带

山东威海是中国最大的渔具生产基地之一，拥有"中国钓具之都""中国钓竿之城"等称号。威海已形成百亿级的钓具产业，拥有钓具生产及配套企业上千家，钓具产品占据了全球鱼竿市场较大份额，并且已形成完整的原材料、制造设备、电子商务、会展赛事等多要素全产业链发展体系，其产品远销 60 多个国家和地区。据威海海关数据，2024 年前三季度，威海口岸出口渔具达 20.33 亿元，同比增长 13.4％。河北固安县礼让店乡是"中国钓具之乡"，是重要的渔具生产集散地。全县从事渔具生产及配套的各类企业达 300 多家，规模企业有上百家，拥有深加工生产线 320 条左右，产品涉及 60 大类 3 000 多个品种，不仅畅销全国各地，还远销到日本、美国、奥地利、英国等 20 多个国家和地区。另外，还有浙江慈溪、东阳等地也形成了较具规模的渔具产业带，众多企业汇聚，推动着当地渔具产业的发展，在国内渔具市场占据一定份额，其产品也在国际市场上有一定的竞争力。

23. 3C 电子产品产业带

3C 电子产业带主要在广东深圳、广州、东莞三地。

24. 婴童用品产业带

泉州是中国婴童产业重要产区之一，拥有数千家母婴用品相关企业，年产值数百亿。经过 20 多年的发展，泉州已经形成了婴儿纸尿裤、玩具、童装、童鞋、儿童食品、箱包、文具等多个产业集群。

25. 家居日用产业带

据不完全统计，福州目前聚集了约 1.2 万家居家日用品制造企业，链条完善，类目齐全，产品涵盖生活日用、个人护理、餐厨用具等系列。这些企业自创立以来大多以外销业务为主，经过常年的市场融合和不懈的工艺提升，普遍具有研发能力强、款式创新快、工艺质量好、产品价格优、使用场景广等竞争优势，产品远销 150 多个国家和地区，深受海外用户的认可和好评。

26. 餐厨日用品产业带

作为浙江省第一批出口基地，永康以五金餐厨产业闻名于世，先后获得"中国炊具之都""中国口杯之都""中国五金之都""中国餐厨用品出口基地"称号。

27. 家居装饰产业带

福建作为中国家居装饰类产品的生产大省和出口规模最大的省份,据不完全统计,该品类年出口额在 1 000 亿元人民币以上。按细分类目和分布区域来看,闽侯的装饰品、莆田的油画、安溪的铁艺、泉州的园艺、龙岩的竹木制品、宁德的小木制品等产业集聚明显。

28. 陶瓷产业带

江西景德镇以其独特的青花、粉彩、玲珑和颜色釉四大名瓷闻名于世,同时也是日用陶瓷的重要生产基地。广东佛山则是建筑和卫生陶瓷的制造重镇,其中南庄镇更是中国建筑陶瓷的领军之地。潮州,位于广东,以其工艺瓷的精湛技艺和广泛出口而著称,特别是潮州枫溪区,陶瓷企业密集,拥有超过 2 500 家相关企业。福建的德化县,作为全国陶瓷产业的重要一员,以西洋工艺瓷的生产和出口为主要特色,全县拥有众多生产企业和经销点,其中陶瓷茶具更是远销海外。福建晋江市,作为陶瓷产业的聚集地,建筑陶瓷业尤为发达,约 350 家陶瓷企业构成了其支柱产业。闽清县,同样位于福建,其陶瓷产业也颇具规模,包括 503 家陶瓷企业,其中高低压电瓷企业占多数,达 408 家,建筑陶瓷企业 95 家,是中国电瓷和建筑陶瓷的重要生产和出口基地。江苏宜兴,被誉为"陶瓷之都",其陶瓷产业涵盖多个领域,包括日用陶瓷、建筑陶瓷、卫生陶瓷、艺术陶瓷等,全市拥有 500 多家相关企业和 200 多家耐火材料企业。

29. 电子钟表产业带

漳州作为中国电子石英钟生产与销售基地和全球最大的石英钟表生产基地,拥有钟表产业相关企业 200 多家,产值约 70 亿元。漳州石英钟配件的全球占有率达 70% 以上,石英钟指针式机芯产量占全球 65% 以上,石英挂钟产量占全球 30% 左右,手表产量占全球份额的 10%。当地钟表产品 90% 以上外销,覆盖全球 165 个国家和地区。

30. 杭集牙刷产业

一直以来,杭集享有"中国酒店日用品之都""中国牙刷之都"的美誉。这里拥有 4 000 多家酒店用品生产企业,供应全球近 50 万家酒店,一年销售额达到 300 亿元。其中,仅生产牙刷的企业就有 1 000 多家,每年生产牙刷 75 亿支,销往全球 100 多个国家和地区。

参考文献

[1] 王璐. 数字贸易是我国贸易规模持续稳步增长的新动力 [N]. 金融时报, 2024-02-26.

[2] 卢灿灿. 新形势下宁波跨境电商赋能产业集群发展研究 [J]. 宁波经济（三江论坛），2024（1）：18-20，9.

[3] 梁嘉慧. 跨境电商对一般贸易出口的影响分析 [J]. 商业经济研究，2020（17）：144-147.

[4] Ghorbani A，Bonab M B．Globalization and the role of e-commerce in its expansion [J]．Journal of Basic and Apply Scientific Research，2013（3）：78-82.

[5] 谢敏，熊国祥. 中国与东盟跨境电商贸易提质增效研究 [J]. 商业经济研究，2020（12）：150-153.

[6] 鞠雪楠，赵宣凯，孙宝文. 跨境电商平台克服了哪些贸易成本？：来自"敦煌网"数据的经验证据 [J]. 经济研究，2020，55（2）：181-196.

[7] 罗娜，罗乐娟. 基于"一带一路"的跨境电商对我国进出口贸易影响实证研究 [J]. 商业经济研究，2018（20）：132-134.

[8] He Y, Li J Y, Wu X P, et al. Impact of e-commerce on international trade—Based on a iceberg cost model [J]. International Journal of Trade, Economics and Finance, 2011：175-178.

[9] Gómez E，Martens B，Turlea G．The drivers and impediments for online cross-border trade in goods in the EU [J]．Social Science Electronic Publishing，2012.

[10] 王娜，张睿. 跨境电商发展对我国出口贸易提质增效的影响分析 [J]. 商业经济研究，2023（2）：132-135.

[11] 王健，巨程晖. 互联网时代的全球贸易新格局：普惠贸易趋势 [J]. 国际贸易，2016（7）：4-11.

[12] Norris G, Hurley J R, Hartley K M, et al. E-Business and ERP：Transforming the Enterprise [M]. USA：John Wiley & Sons, Inc.，2000.

[13] Hyuksoo C, Tansuhaj P. Electronic intermediaries：research and practice of electronic intermediaries in export marketing [J] Ukraine：Innovative Marketing, 2011, 7 (3).

[14] 马述忠，郭继文，张洪胜. 跨境电商的贸易成本降低效应：机理与实证 [J]. 国际经贸探索，2019，35（5）：69-85.

[15] 周涛. 电子商务对经济发展有何影响 [J]. 人民论坛, 2017 (14): 90-91.

[16] 张华娟. 跨境电商综合试验区驱动区域经济增长效应研究 [D]. 南昌: 江西科技师范大学, 2021.

[17] 常智刚. 中国跨境电商综合试验区对经济增长的影响研究: 以江浙沪地区为例 [D]. 南昌: 江西师范大学, 2021.

[18] 苏尤丽, 张蓝匀, 赵宁. 跨境电商综合试验区对地区经济发展的效应评估 [J]. 牡丹江师范学院学报 (社会科学版), 2021 (6): 21-29.

[19] Wang H D, Zheng C F, Xiao X. An AMOS model for examining the factors influencing the development of China cross-border E-commerce comprehensive pilot areas [J]. Discrete Dynamics in Nature and Society, 2022 (1).

[20] 宋颜群, 胡浩然. 发展跨境电商能刺激改革地区的家庭消费吗? [J]. 消费经济, 2023, 39 (1): 18-32.

[21] 张赠富. 跨境电商进口贸易对居民消费的影响 [J]. 商业经济研究, 2022 (13): 154-157.

[22] 高笑. 跨境电商进口对我国国内消费的影响效应及结构异质性分析 [J]. 商业经济研究, 2022 (12): 56-59.

[23] 官竞协. 跨境电商对国内消费需求的影响 [J]. 投资与创业, 2021, 32 (16): 51-53.

[24] 陈倩. 数字经济背景下的政府支持、产业集聚与跨境电商发展 [J]. 商业经济研究, 2020 (24): 68-71.

[25] 熊励, 叶凯雯. 跨境电子商务生态发展与政策组合维度的关联性研究 [J]. 软科学, 2020, 34 (2): 129-136.

[26] 王瑞, 顾秋阳, 钟冰平. 跨境电商需要什么样的贸易便利化?: 来自中国35个城市跨境电商综试区的证据 [J]. 浙江学刊, 2020 (4): 100-110.

[27] 赵崤含, 潘勇. 我国跨境电子商务政策分析: 2012—2020 [J]. 中国流通经济, 2021, 35 (1): 47-59.

[28] Chen Y L. Barriers to electronic commerce adoption in small and medium enterprises: A critical literature review [J]. Journal of Internet Banking and Commerce, 2008, 13 (2): 1-13.

[29] 白晓花. "自贸区+综试区" 叠加优势下武汉市发展跨境电商产业的挑战与对策 [J]. 对外经贸实务, 2020 (5): 24-27.

[30] 张正荣,杨金东,魏然. 跨境电商综合试验区的设立模式与推广问题:基于70个城市的定性比较分析[J]. 软科学,2020,34(5):131-138.

[31] 丁慧平. 跨境电子商务综合试验区平台生态圈的构建与成长研究:以青岛跨境电商综试区为例[J]. 青岛农业大学学报(社会科学版),2019,31(2):51-56,66.

[32] 郜志雄. 跨境电商发展的瓶颈及突破对策:基于中国(宁波)跨境电子商务综合试验区的调查[J]. 宁波经济(三江论坛),2019(5):17-21.

[33] 张夏恒,陈怡欣. 中国跨境电商综合试验区运行绩效评价[J]. 中国流通经济,2019,33(9):73-82.

[34] 张晓东. 跨境电商综合试验区区位价值影响因素研究[J]. 技术经济,2019,38(9):105-112.

[35] 丁慧平. 跨境电子商务综合试验区平台生态圈的构建与成长研究:以青岛跨境电商综合试验区为例[J]. 青岛农业大学学报(社会科学版),2019,31(2):51-56,66.

[36] 李长江. 关于数字经济内涵的初步探讨[J]. 电子政务,2017(9):83-92.

[37] 张亮亮,刘小凤,陈志. 中国数字经济发展的战略思考[J]. 现代管理科学,2018(5):88-90.

[38] 任保平,何厚聪. 数字经济赋能高质量发展:理论逻辑、路径选择与政策取向[J]. 财经科学,2022(4):61-75.

[39] 王志盼,张清凌,宋小青,等. 基于位置大数据的中国跨境电商时空格局变化及其影响机制[J]. 经济地理,2022,42(1):44-52.

[40] 曹允春,郑莉萍,石学刚. "一带一路"倡议下我国跨境电商物流联盟构建研究[J]. 铁道运输与经济,2020,42(10):7-13.

[41] 许永继. "一带一路"倡议下中俄跨境电商发展面临的风险及路径选择[J]. 学术交流,2020(2):132-141.

[42] 戚聿东,肖旭. 数字经济时代的企业管理变革[J]. 管理世界,2020,36(6):135-152.

[43] 亚当·斯密. 国富论[M]. 张兴,田要武,龚双红,译. 北京:北京出版社,2007.

[44] 大卫·李嘉图. 政治经济学及赋税原理[M]. 合肥:安徽人民出版社,1993.

[45] 李斯特. 政治经济学的自然体系 [M]. 杨春学, 译. 北京：商务印书馆, 1997.

[46] 胡雪峰. 穆勒的相互需求理论及对国际贸易的启示 [J]. 中国商论, 2020 (3)：126-127, 138.

[47] Washingto D C. The United States International Trade Commission. Digital Trade in the U. S. and Global Economies [Z]. United States International Trade Commission, 2014.

[48] 马述忠, 房超, 梁银锋. 数字贸易及其时代价值与研究展望 [J]. 国际贸易问题, 2018 (10)：16-30.

[49] López G J, Ferenca J. Digital Trade and Market Openness [R]. Paris：OECD Trade Policy Paper, 2018, 217.

[50] Lopez-Gonzalez J, Jouanjean M. Digital Trade：Developing a Framework for Analysis [R]. Paris：OECD Trade Policy Paper, 2017, 205：9-34.

[51] 李凯杰, 司宇, 董丹丹. 数字经济发展提升了出口贸易韧性吗？：基于跨国面板数据的经验研究 [J]. 云南财经大学学报, 2024, 40 (2)：15-31.

[52] 李宏兵, 张少华. 数字经济国际合作赋能我国贸易高质量发展：机制、挑战与路径 [J]. 国际贸易, 2023, (12)：50-60.

[53] 李金城, 周咪咪. 互联网能否提升一国制造业出口复杂度 [J]. 国际经贸探索, 2017, 33 (4)：24-38.

[54] 潘家栋, 肖文. 互联网发展对我国出口贸易的影响研究 [J]. 国际贸易问题, 2018 (12)：16-26.

[55] 葛飞秀, 张智焜. 数字经济发展对中国服务贸易出口的影响 [J]. 价格月刊, 2023 (9)：71-82.

[56] Freund C, Weinhold D. The Internet and international trade in services [J]. American Economic Review, 2002, 92 (2)：236-240.

[57] Vemuri V K, Siddiqi S. Impact of commercialization of the Internet on international trade：A panel study using the extended gravity model [J]. The International Trade Journal, 2009, 23 (4)：458-484.

[58] Choi C. The effect of the Internet on service trade [J]. Economics Letters, 2010, 109 (2)：102-104.

[59] Liu L R, Nath H K. Information and communications technology and trade

in emerging market economies [J]. Emerging Markets Finance and Trade, 2013, 49 (6): 67-87.

[60] 刘金焕, 万广华. 互联网、最低工资标准与中国企业出口产品质量提升 [J]. 经济评论, 2021, (4): 59-74.

[61] 谢靖, 王少红. 数字经济与制造业企业出口产品质量升级 [J]. 武汉大学学报 (哲学社会科学版), 2022, 75 (1): 101-113.

[62] 马中东, 宁朝山. 数字经济、要素配置与制造业质量升级 [J]. 经济体制改革, 2020 (3): 24-30.

[63] 王瀚迪, 袁逸铭. 数字经济、目的国搜寻成本和企业出口产品质量 [J]. 国际经贸探索, 2022, 38 (1): 4-20.

[64] 陈明明, 杜鹏飞, 方紫意. 企业数字化转型如何影响出口产品质量?: 来自中国上市公司的经验证据 [J]. 商业研究, 2023 (5): 51-59.

[65] 吴欣, 周菲. 双重中介效应视角下数字经济影响我国跨境电商贸易发展的机理 [J]. 商业经济研究, 2024 (1): 154-157.

[66] 徐承凤. 数字贸易背景下广州市跨境电商发展对策研究 [J]. 中小企业管理与科技, 2023 (18): 143-145.

[67] 张国园. 基于数字贸易背景下跨境电商发展路径研究 [J]. 中国中小企业, 2023 (10): 168-170.

[68] 张威. 数字经济背景下跨境电商发展的创新路径研究 [J]. 全国流通经济, 2023 (18): 76-79.

[69] 孟涛, 王春娟, 范鹏辉. 数字经济视域下跨境电商高质量发展对策研究 [J]. 国际贸易, 2022 (10): 60-67.

[70] 崔睿, 顾逸卿. "双循环" 格局下江苏省跨境电商高质量发展路径研究 [J]. 营销界, 2023 (18): 68-70.

[71] 王卓如. 跨境电商促进江苏价值链升级的路径研究 [J]. 中国管理信息化, 2023, 26 (22): 84-86.

[72] 扶尧. 跨境电子商务海关监管问题与对策研究: 以江苏省为例 [J]. 中国商论, 2024 (2): 50-53.

[73] 张晓芸. 江苏跨境电商发展现状与支撑体系研究 [J]. 全国流通经济, 2023 (19): 37-40.

[74] 朱静, 任娟. "一带一路" 倡议下江苏省跨境电商物流协同度测算及提升策略 [J]. 产业创新研究, 2023 (17): 33-35.

[75] 翁瑾. 江苏省跨境电商企业直播营销高质量发展策略研究 [J]. 企业科技与发展, 2023 (8): 103-106.

[76] 张惠. 自贸区视角下江苏中小型外贸企业跨境电商转型升级路径研究 [J]. 对外经贸实务, 2023 (6): 82-87.

[77] 占丽, 谈东华, 刘星翰. 长三角一体化提升江苏跨境电子商务竞争力效应研究 [J]. 江苏商论, 2022 (7): 56-58, 71.

[78] 许妍. 江苏跨境电商与产业集群协同发展: 因素与路径 [J]. 江苏商论, 2023 (3): 36-38.

[79] 闫琴, 徐晓云. 江苏省跨境电商与跨境物流协同发展策略研究 [J]. 投资与创业, 2022, 33 (6): 37-39.

[80] 蒋帛婷. 江苏自贸区跨境电商发展策略研究 [J]. 安徽工业大学学报（社会科学版）, 2020, 37 (1): 28-30.

[81] 刘健. "一带一路"倡议下跨境电商对江苏省区域经济协调发展的综述 [J]. 中国商论, 2021 (19): 1-3.

[82] 潘东旭. "一带一路"背景下江苏省特色农产品跨境电商发展策略 [J]. 经济研究导刊, 2022 (33): 150-152.